생활 거룩

생활 거룩

지은이 | 강정훈
초판 발행 | 2019. 8. 7
4쇄 발행 | 2019. 9. 16
등록번호 | 제1988-000080호
등록된 곳 | 서울특별시 용산구 서빙고로65길 38
발행처 | 사단법인 두란노서원
영업부 | 2078-3352   FAX | 080-749-3705
출판부 | 2078-3331

책값은 뒤표지에 있습니다.
ISBN 978-89-531-3571-0 03230

독자의 의견을 기다립니다.
tpress@duranno.com   www.duranno.com

신앙의 공회전을
멈추고

거룩으로

생활 거룩

강정훈 지음

두란노

contents

프롤로그

대한민국 1위 종교, 기독교

통계청은 5년에 한 번씩 인구 센서스(census of population, 인구주택총조사)를 하는데 종교 인구는 10년마다 곁들여 조사하고 이듬해에 발표한다. 2015년에 시행된 조사에서, 종교별 신자 수는 개신교인 967만 명(19.7%), 불교인 761만 명(15.5%), 가톨릭교인은 389만 명(7.9%)인 것으로 나타났다. 국민 다섯 명 중 한 명이 개신교인인 셈이다. 이는 개신교가 130년이라는 짧은 선교 역사를 통해 대한민국 1위의 종교가 되었음을 의미한다.

예상 밖의 결과로 한국 교회는 웃었을까? 그러지 못했다. 오히려 1200만~1400만 명으로 어림잡던 개신교인이 1000만 명 이하로 떨어졌다는 것이 못내 아쉬웠다. 이단 신자들과 교회에 출석하지 않는 소위 '가나안' 신자들도 포함된 수치이기에 그들을 대략 150만 명 정도로 잡는다면 실제 개신교인의 수는 720만 명 남짓이 된다. 그런 까닭에 한국 교회도 700만 명대로 떨어진 통계표를 받아 들고 1위 종교라는 등수에 기뻐할 수만은 없었다.

한국 교회가 박수 칠 수 없는 또 하나의 이유는 '교인 숫자만 많으면 뭐 하나' 하는 자조가 우리 내면에 숨어 있기 때문이다. 1위 자리가 복음의 순수성과 교회의 거룩성을 세속과 맞바꾼 변질의 결과라는 그 '불편한 진실' 앞에서 부끄러웠기 때문이다.

미국의 사상가 헨리 데이비드 소로(Henry David Thoreau)는 그가 전원생활을 하던 월든 호수를 이렇게 평가했다.

"작지만 이 얼마나 강한 호수인가?"

그 표현이 참 좋다. 강이나 댐은 사이즈가 크거나 물을 많이 담아 두었다고 좋은 것이 아니다. 수질이 좋아야 좋은 강이요 댐이다. 강한 호수는 오염되지 않은 깨끗한 호수를 말한다. 물이 깨끗한 1급수 호수가 크기는 작더라도 강한 호수다.

한국 교회가 작은 종교이고 작은 교단이었을 때는 오히려 영적, 도덕적 수질이 좋았다. 세계사에 빛나는 3·1운동은 그 '작은 종교'의 크리스천들이 앞장선 운동이다. 33인 대표 중 16인이 기독교인이다. 당시 조선의 기독교인 수는 20만 명으로 전체 인구의 겨우 1.3%에 불과했다. 천도교는 약 300만 명으로 10배가 넘었다. 전체 국민의 2%도 안 되는 기독교에서 16인의 대표가 나오고 독립운동을 선도했다는 것은 당시 한국 교회가 교인 수에 관계없이 얼마나 사회에서 영향력 있었으며 신뢰받는 종교였는지를 단적으로 보여 준다.

한국 교회 초기 기독교인들은 진실했고 정직했으며 성경의 정신을 따라 살고자 하는 각오가 있었다. 예배당이 있는 마을에는 탐관오리들이 부임을 꺼렸다. 뇌물도 받을 수 없고 못된 짓도 할 수 없기 때문이었다. 그만큼 교인들이 불의에 대한 감시자 역할을 했다. 자기희생이 없이는 불가능한 삶이었다. 세상은 교리가 아니라 그들의 성결된 생활을 본 것이다. 그래서 교회로 들어왔다.

그렇게 진실했던 한국 교회가 이제는 변질까지는 아니라 해도 머리카락이 밀리고 연자맷돌을 돌리는 어릿광대 삼손처럼 세상의 조롱거리가 되고 있다. 어쩌다 이 지경이 되었을까.

성공한 구원, 실패한 거룩

박영선 목사가 시무하던 시절, 남포교회는 '구원 이후'라는 주제로 학술제를 열었다. 학술제에서 고신대학교의 박영돈 교수는 "한국 교회는 많은 이들을 '구원'하는 데는 성공했으나 그들을 '거룩하게' 하는 데는 실패한 것 같다"고 진단했다. 한국 교회는 구원받고 축복을 누리는 데만 열심이었지 거룩하게 살아가는 데에는 열심을 내지 못했다는 것이다. 그러니까 한국 교회가 세상을 변화시키는 데 힘이 달려 오히려 교회가 세상에 의해 변질되었다는 뼈아픈 지적이다.

  2004년 10월, '한국 교회의 미래를 준비하는 모임'(한미준)의 발표를
보니, 교인 10명 중 7명이 '구원에 대한 확신이 있다'고 응답했고 성령
을 체험했다는 사람도 절반이 넘었다. 교인 중 88%가 정기적으로 교
회에 출석하고 있다. 그러나 그 88%가 주중의 신앙생활을 '휴업'하고
있지 않은가 하는 의심이 든다. 현관문에 교패는 붙어 있지만 어떤 상
황에서나 어떤 곳에서나 언제든지 하나님을 믿는 신실한 크리스천이
라는 신패(信牌)는 없다. 주일에는 뜨겁게 예배하고 활력 있게 믿음 생
활을 하지만 예배당을 떠나면서 "하나님, 여기에 잘 계세요! 저는 집
에 갔다 다음 주일에 오겠습니다!" 하고 믿음을 놓고 간다. 그러니 행
실, 거룩에 대해 '외상' 장부를 그어 놓고 갚지 않고 있는 실정이다. '오
직 믿음'은 '오직 말뿐'이라는 이상한 형태의 기독교 신앙을 만들었다.
우리의 강력한 '믿음'이 주중의 생활에서 바르게 살려는 의지와 용기를
주는 은혜의 선물이 아니라 그릇된 행실을 덮어 주고 합리화하는 편리
한 수단이 되고 있다.

  박영선 목사는, 이에 대해 "성화하지 않는다고 구원받지 못한 것은
아니다. 다만 세상 사람들에게 쪽팔린다"고 거침없이 말한다. 한국 교
회가 세상에 낯이 깎이고 있다는 것이다. 성화 공백이 만들어 낸 일그
러진 자화상이다.

미국 그레이스 커뮤니티 교회의 존 맥아더(John MacArthur) 목사는《하나님이 전해 주신 복음》,《주님 없는 복음》등 좋은 책을 낸 세계적인 목회자다. 그의 아버지는 하나님과 성경과 교회를 사랑한 신실한 목회자였고, 아버지가 시무한 교회는 영적인 부흥을 중시하고 성경을 믿는 전통적인 교회였다. 교인들은 모두 거듭남을 체험한 사람으로 인정을 받았다. 이처럼 그는 유년 시절 기독교 문화 속에서 성장했다. 그러나 존은 고등학생 때부터 일부 교인들의 구원을 의심하기 시작했다. 그렇게 대단하게 보이던 신자들의 삶이 그들의 고백과 일치하지 않았기 때문이다. 그들의 예배는 생활과 일치하지 않았다. 그래서 한때 어른들의 그 생활 공백 신앙으로 인해 믿음이 흔들리기도 했다. 한국 교회를 바라보는 젊은이들의 눈도 이와 비슷하지 않겠나 싶다.

구원과 거룩 사이의 거리

'한국 교회는 성도들을 구원하는 데에는 성공했지만 거룩하게 하는 데는 실패했다'는 박영돈 목사의 주장에 전적으로 동의한다. 그만큼 한국 교회에는 구원과 거룩함 사이의 간극이 크다. 구원을 받은 사람들이 사역에 열중하고 교회 안에서 희생적으로 헌신하는 모습은 많이 보이는데, 그래서 똑똑하고 설교도 유창해서 교회를 부흥시키는 실력자 목사들은 많이 나오는데, 성자 목사들이, 인격 목회자들이 많이 보이지 않는다. 성화의 공백이 한국 교회에 너무 크고 넓게 퍼졌다는 증거다.

한국 교회가 믿음은 바르게 가르치고 책망하며 믿음의 공란을 메우기 위해 애를 쓰는데 성화 공백에는 눈을 감는다. 성화 가르침이 교회 성장에 별로 도움이 되지 않기 때문일까. 성화는 개인이 알아서 할 일이고 지도자들은 교회를 채우는 양적 성장에 힘쓰면 된다는 생각이 오늘 성화 공백이 이렇게 커지도록 한 건 아닐까. 아니면 목회자 자신이 성화에 자신이 없어서 교인들에게 강요하기 민망했던 걸까.

모세는 시내산에서 40일을 주야로 기도하며 십계명을 받았다. 산 아래로 내려왔을 때 얼굴에 얼마나 광채가 났던지 백성들이 눈이 부셔 가까이 다가오지도 못했다. 그래서 모세는 수건으로 얼굴을 가려 백성을 맞았다. 하나님만 바라보며 먹고 마심으로 하나님의 영광이 모세에게 가득 임재했기에 얼굴에서 찬란한 광채가 쏟아졌던 것이다(출 34:29-35).

우리도 얼굴을 가린다. 거룩한 광채가 없는 게 탄로 날까 봐 얼굴을 숨긴다. 성도는 장로 권사의 직분으로 얼굴을 가리고 목회자는 여러 모양의 치장으로 얼굴을 가린다. 교회에 오래 다닐수록 낮가죽이 두꺼워지고 목회를 오래할수록 광채는 나오지 않으니까 이런저런 것들로 포장하고 위장하는 것이다.

60년 믿음에도 성화가 안 된다면

이제 60년 차 믿음이 되었다. 교회를 개척하고 목회한 지도 35년, 교육전도사 시절까지 포함하면 40년이 넘었다. 산중에서 도를 닦았어도 득도하고 하산할 세월이다. 산중에서 스스로도 득도를 한다는 마당에 성령의 강력한 역사와 후원에도 60년을 믿었음에도 여전히 뚜렷하게 성화를 못했으면 언제 성화한다는 것일까? 지금까지 믿음 생활을 어떻게 했기에 교회 출입 60년에 제대로 내놓을 성화 실적이 없는 것일까?

이 고백이 누구에게나 해당되는 까닭은, 우리는 애초부터 성화에 관심이 없이 신앙생활을 했기 때문이다. 그러면서 성화를 특정 직분자에게만 요구했다. 성화를 믿음 생활의 중심에 놓았다면 하나님의 말씀을 믿고 들었으면서 어째 이다지도 성화되지 못했겠는가.

〈크리스찬북뉴스〉의 편집인 정현욱 목사는 존 라일(John Ryle)의 《거룩》을 평하면서 이렇게 말한다.

"성화는 성도 안에 심어진 생명의 말씀이 발화하여, 생각과 삶을 통해 자라나는 것이다. 그러므로 삶의 거룩, 즉 성화는 반드시 일어나야 하고, 삶을 통해 결실을 맺어야 한다. 성화가 없는 신자는 죽은 신자, 즉 거짓된 믿음을 가진 자들이다."

존 파이퍼(John Piper) 목사는 거룩에 대해 더 노골적으로 경고한다.

"삶 속에서 거룩함을 추구하지 않으면 지옥에 갈 것이다."

한국 교회가 명심해야 할 말이다. 예수 그리스도를 믿는 믿음 하나에 올인했음에도 정작 이웃들에게서 구원받은 믿음을 인정받지 못하고 있다면 '거룩함을 추구하지 않으면 지옥에 간다'는 껄끄러운 소리에 귀를 기울여야 한다.

성화신앙만이 다시 재림신앙, 순교신앙을 회복시키고, 정직하게 살아내고자 하는 성화에 대한 갈망만이 한국 교회를 흉년에서 다시 풍년으로 일어나게 할 것이다.

이제 성화순례를 떠나 보자.

2019년 8월

강정훈

기록되었으되

내가 거룩하니

너희도 거룩할지어다

하셨느니라 벧전 1:16

1부

거룩을 묻다

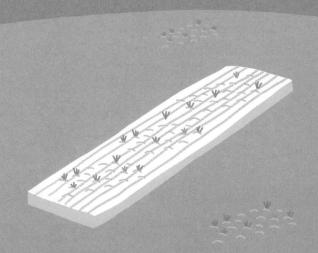

한국 교회에 성화를 묻는다

2013년 9월, 한국개혁신학회가 개최한 발표회에서 이동영 박사(서울성경대)와 정훈택 박사(총신대)는 구원론을 근거로 한국 교회의 천박한 믿음을 질타해 관심을 모았다. 이동영 박사는 "오직 믿기만 하면 과거와 현재, 미래의 모든 죄가 사함을 받고 구원이 완성되었다고 하는데, 이러한 구원론은 개혁파적인 것이 아니라 구원파적인 것"이라고 지적하면서, 그렇다 보니 성도들의 선행은 구원을 이루는 성화에는 아무런 관계가 없고, 오직 천국에서 상급을 받는 데에만 관계가 있을 뿐이라고 했다.

성화가 없이는 칭의도 없다

'왜 구원파적 구원관이 한국 교회를 지배하게 되었는가?' 하는 문제에 정훈택 교수는 "성경 본문을 그대로 읽지 않아서"라고 지적했다. 한국 교회 안에서 성경 해석 방법론이 종교개혁의 두 명제, 즉 '오직 믿음으로'와 '오직 성경으로' 사이에서 심각한 혼란을 겪고 있다는 것이다. '오직 믿음으로'라는 명제가 구원만 아니라 삶에서도 그대로 적용되어 버렸기에 예수의 가르침에 따라 제자도의 삶을 사는 일에는 관심이 없으면서, 행함이 없는 믿음과 값싼 축복만을 추구하게 되었다는 것이다. 그래서 한국 교회가 세상 사람들의 눈에는 구원파와 하등의 차이가 없는 것처럼 보이게 되었다는 것이다.

마틴 루터(Martin Luther)를 포함한 개혁가들의 정신은 '오직'이라는 강령에 있다. 오직 믿음! 오직 은혜! 오직 예수! 오직 성경! 오직 하나님께 영광! 이런 '오직'의 삶을 살기 위해서는 어떻게 해야 할까? 칭의로만 가능할까? 그건 아니다. 칭의 신분에 감사하는 동시에 부단한 회개와 자기 개혁이 요구된다.

이는 루터가 비텐베르크 정문에 붙인 95개조 반박문(의견서)에서 첫 부분(1-3조)을 회개에 둔 이유다. 특히 제3조의 "단지 마음으로만 회개하라는 것은 아니다…육욕에 대한 금욕적 생활 태도가 몸에 잘 배어나지 않는다면 아무런 소용이 없다"는 문장은 마음에서 시작하여 행동으로 날마다 드러나야 하는 회개의 삶이 개혁의 삶이요 '생활' 신앙임을 말해 주고 있다.

개혁가들의 주장이 아니더라도, 매일의 회개는 결국 매일의 성화로 이어져야 한다. 개혁주의가 성경적 교리에는 성공했지만 개혁을 완성하지 못한 이유는 개혁자들의 가장 중요한 교리가 되는 '이신칭의'(以信稱義, Justification by faith) 문제를 제대로 해석하지 못했고 칭의를 성화로 살아내지 못했기 때문이다.

기독교의 중심 교리인 칭의(稱義)는 하나님의 은혜로 우리가 의롭다 함을 얻고 하나님의 자녀라는 신분으로 거듭나게 되었다는 은총의 교리다. 우리가 의인이 된 것은 어떤 행위도 첨가되지 않고 오직 하나님의 은혜로만 된 것이다. 이는 가짜 기독교와 참 기독교를 구별하는 잣대다.

그러나 개혁주의 교회는 칭의 만능에 빠져 성화를 놓쳐 버렸다. 성화는 매일 회개를 통해 거룩으로 나아감이요 예수님을 닮아 내는 것이다. 매일 회개라는 자기 해체를 통해서만 이루어지는 것이다. 죄에 대한, 거짓에 대한, 가짜에 대한 저항이 계속되어야 하는데 개혁교회는 세속화 상태의 자신과 타협함으로써 다시 중세교회로 유턴 중이다. 그래서 칼뱅(Jean Calvin)은 "성화가 없이는 칭의도 없다"고 단언했다.

칼뱅의 주장대로, 신자는 그리스도와 연합함으로 칭의와 성화를 동시적으로 체험한다. 칭의는 완성이고 성화는 미완성이다. 그러나 칭의와 성화는 완성과 미완성으로 긴밀하게 연결된다. 그렇기에 개혁이 진정으로 성공하려면 칭의와 함께 성화를 강조해야 한다.

오해하지 말아야 할 것은, 성화는 칭의의 열매로 반드시 나타나야 하지만, 성화가 조금이라도 칭의의 근거나 전제 조건이 될 수는 없다는 점이다. 칭의는 예수 그리스도가 십자가와 부활로 이루신 완전한 의로움에 근거하므로 완전하며, 영원히 변개될 수 없다 (롬 8:1, 30, 33-39; 웨스트민스터 대교리 문답 77).

로마가톨릭은 성경적으로 볼 때 비성경제도, 비복음교리를 갖고 있지만 착한 행실을 곁들이는 이행득의(以行得義, Justification by action)의 교리로 선한 행위를 구원의 조건으로 전제한다. 그래서 착한 행실을 낳아 좋은 종교, 즉 '친절한 천주교'로 인식되고 있다.

개혁주의 교회는 좋은 제도와 바른 성경 교리를 갖고 있지만 오직 믿음으로 의롭게 된다는 '이신칭의'에 행실까지도 지나치게 위탁함으로써 선한 행위에 열심을 보이지 않는다. 그래서 좋은 신자들이 아니라 믿음은 좋은데 행위는 보이지 않는, 말로만 믿는 신자로 본다. 세상은 신자들의 행동을 보는 것이지 교리를 보는 것이 아니다. 그러니 당연히 천주교를 좋아한다. 한국 교회가 '안녕'하지 못하고 개혁의 대상이 된 이유를 찾아볼 수 있다.

개신교와 로마가톨릭이 닮아 가고 있다

미국 여론조사기관 퓨리서치센터는 종교개혁 500주년을 맞아 미국과 서유럽의 개신교 및 가톨릭 교인을 대상으로 설문을 했다. 설문에는 '양 종교가 유사하다고 생각하는가', '종교개혁 구호를 구원론으로 받아들이고 있는가' 등이 포함됐다. '개신교와 가톨릭이 비슷한가'에 대해 미국 개신교인의 57%는 유사하다고 응답했다. 서유럽 개신교인(58%)도 비슷한 수준이었다. 미국·서유럽 개신교인 10명 중 6명이 개신교가 가톨릭과 별 차이 없다고 답한 것이다. 종교개혁의 본산인 독일에선 크리스천 4명 중 3명이 개신교가 가톨릭과 비슷하다고 답했다.

종교개혁 가치에 대한 설문에는 '오직 믿음으로 구원받는다'고 답한 미국 개신교인은 46%에 그쳤고, 절반이 넘는 52%가 '믿음과 선한 행위가 함께 있어야 구원받는다'고 답했다. 이는 가톨릭의 전통적인 구원론이다. 루터의 고향인 독일에선 61%가 믿음과 선행 모두 필요하다고 답했고, 칼뱅을 낳은 스위스에선 57%가 둘 다 있어야 구원받을 수 있다고 말했다. '믿음으로만 구원받는다'는 개신교의 핵심 교리인 '이신칭의'는 종교개혁자들의 고향에서도 힘을 잃고 말았다. '오직 믿음', '오직 성경' 모두를 고백하는 미국 개신교인은 30%에 불과했고, 52%는 성경 못지않게 교회의 권위와 전통도 중요하다고 답했다. 이 역시 가톨릭의 교리와 가깝다.

그런데 문제는 개혁주의 교회가 로마가톨릭을 닮아 가면서도 행실을 강조하는 가톨릭의 행위 교리는 외면한다는 데 있다. '신앙 생활'은 열심히 하지만 '생활 신앙'은 크게 개의치 않는다는 것이다. 그래서 개신교인들은 교리와 열심에서는 앞서지만 행위에서는 천주교인들에게 밀린다. 우리의 열심이 그들의 점잖음에 지고 있는 것이다.

오늘날 한국 교회는 왜 욕을 먹을까? 세상보다 나빠서가 아니다. 신자들이 받는 최고의 욕은 '뻔하다'이다. '뭔가 다르다'는 말을 들어야 하는데 '혼자 믿음 있는 척 행세하지만 알고 보면 저들도 뻔해!'라는 말을 듣는 것이다. 오죽했으면 "선한 세상 사람들이 크리스천 같고, 크리스천은 세상 사람들 같다"는 비아냥까지 나왔을까. 하나님께 죄송한 일이다.

성화, 현재형 구원이다

한국 교회에 성화 공백이 생긴 이유는 앞에서 지적한 것처럼 구원론에 대한 오해가 심각하기 때문이다. 구원은 이미 완성되었다는 한쪽의 가르침만 알지 계속 완성되어 가야 할 또 다른 현재의 구원과 미래의 구원의 일면을 놓쳤기에 그 좋은 믿음의 연륜에도 성화가 제대로 나타나지 않는다.

> 영국 성공회 주교 웨스트코트(Brooke Foss Westcott) 박사가 기차 여행 중에 어떤 여성과 합석했다. 전도열이 뜨거운 이 여인은 상대가 유명한 신학자인 줄도 모르고 순박한 열심으로 물었다.
>
> "선생님, 당신은 구원받으셨나요?"
>
> 웨스트코트 박사는 잠시 생각하다가 정색을 하고 되물었다.
>
> "지금 과거형으로 구원을 물었소? 현재형으로 물었소? 아니면 미래형으로 구원을 물었소?"
>
> 대신학자의 말을 알아듣지 못한 여인은 어안이 벙벙해서 신학자의 얼굴만 쳐다보았다.

군이 설명할 필요도 없지만, 웨스트코트 박사는 구원을 셋으로 분류한다. 과거형 구원(I was saved), 이미 받았고 이미 완성된 영혼 구원이다. 이는 칭의와 관련되어 있다. 현재형 구원(I am being saved), 지금 받고 있는, 혹은 받아 가고 있는 구원이다. 미래형 구원(I will be saved), 미래에 영생의 천국에 들어가는 완성된 구원이다. 이는 천국의 상급과 연결되는 영화와 관련된 구원이다.

전도열에 불탔던 여인은 대신학자에게 어떤 구원을 물었을까? 물론 과거형 구원이다. 구원에 대한 확신이 있느냐고 물을 때는 대부분 과거형 구원을 묻는다. 과거형 구원은 과거에 일어난 구원, 즉 내 죄에도 불구하고 결코 취소될 수 없는 구원, 단 한 번에 끝나 버린 완성된 구원을 말한다. 우리는 하나님의 은혜로 이런 구원을 이미 받았다. 구원에는 내 행위가 조금도 개입되지 않는다. 오직 하나님의 계획과 은혜 가운데 이루어진다. 이런 구원이 있기에 우리는 아직도 믿음의 분량에서나 인격에서 미완성품임에도 불구하고 오늘 밤에라도 천국에 갈 수 있다.

현재형 구원은 현재 이루어 가는 구원으로 삶에서, 생활에서, 인격에서, 성품에서 이루어 내야 할 미완성의 구원이다. 영혼 구원, 천국 입성은 이미 완성되었지만 생활과 인격에서의 온전한 구원은 완성되지 않았다. 이건 성화와 관련된 구원이다.

바울은 빌립보 교회에 "두렵고 떨림으로 너희 구원을 이루라"(빌 2:12)고 했다. 빌립보 교인은 이미 구원을 받은 크리스천들이다. 그런 사람들에게 두렵고 떨림으로 구원을 이루라고 한 것이다. 이때 구원은 현재형 구원으로, 구원을 드러내는 삶을 살라는 의미다. 그만큼 빌립보 교회가 성화에 취약했던 것일까.

하나님이 성화를 요구하신다

성화(聖化, sanctification)는 거룩 성(聖), 될 화(化), 거룩하게 되는 것이다. 거룩으로 성장하는 것, 마음이 변하고 행동과 언어가 변하여 그리스도를 닮아 가는 것이 성화다. 믿음이 '고백'과 '마음'에 관한 것이라면 성화는 '성품'과 '행위'에 관한 것이다.

하나님은 이스라엘을 불러내어 거룩을 명하셨다.

너희는 거룩하라 이는 나 여호와 너희 하나님이 거룩함이니라 레 19:2

하나님이 명하시는 거룩은 순결, 정결, 성결이다. 이는, 하나님의 백성들이 하나님처럼 완전한 상태의 수준까지 올라야 하는 성화의 전 과정을 말한다. 하나님은 이스라엘을 향해 거룩하라라고 명령만 하신 것이 아니라 거룩한 삶을 위한 방편도 주셨다. 성화의 방편이란, 율법과 성막과 십계명이다. 율법과 성막과 십계명은 구원이 아니라 거룩을 위해 주신 것이다.

하나님이 율법을 주신 것은 구원의 조건을 구비하기 위함이 아니다. 그들이 받은 구원을 드러내기 위한 것이다. 이스라엘 백성은 열심히 율법을 지켜 구원의 티켓을 얻는 것이 아니라, 율법을 '행위를 위한' 것으로 삼아 성화의 인격을 이뤄야 했다. 이것이 율법의 임무다.

성막은 하나님이 임재하시는 장소다. 성막에 들어갈 때 제사장들은 몸과 마음을 정결하게 한다. 제사를 드리러 성막에 갈 때 백성들은 몸을 씻고 깨끗하게 한다. 그만큼 거룩해진다. 십계명을 지킴으로 생활에서 깨끗하게 되고 율법을 통해 자신들을 정결하게 만들어 간다. 그러노라면 자연스레 거룩하게 되는데 이 과정이 성화다. 성화는 거룩하게 변화되어 가는 과정을 말한다. 그러니까 거룩해'진' 것이 아니라 거룩해 '가는' 것이다. 하나님이 거룩하라고 명령하신 것은 이런 성화를 죽을 때까지 점진적으로 이루어 내라는 명령이다.

예수님이 간음하다 현장에서 잡힌 여인의 죄를 용서하시며 다시는 죄를 범하지 말라 하셨다. 죄를 짓지 않으려고 노력하라, 거룩한 삶을 살라고 명하신 것이다. 하루아침에 거룩한 사람이 되라는 것이 아니다. 조금씩 성스러움을 향하여 나아가고 자타가 인정하는 거룩의 단계로 올라서라는 주문이다. 여인에게는 예수님의 용서와 명령이 거룩의 원천이 된다.

하나님은 베드로의 입을 빌려 구원받은 우리에게도 거룩을 명하신다.

오직 너희를 부르신 거룩한 이처럼 너희도 모든 행실에 거룩한 자가 되라 **벧전 1:15**

모든 행실에 거룩한 자, 이것이 현재형 구원이다. 한국 교회는 과거형 구원에 대해서는 바르게 가르쳤다. '예수 믿고 구원'이라는 가르침을 제대로 배웠고 받아들였다. 교리는 대쪽처럼 곧았다. 신사참배도 견뎠고 제사를 거부함으로써 가해지는 박해에도 믿음을 지켰다. 하지만 아쉽게도 만세반석의 그 구원을 현재에서 완성시키려는 노력, 즉 신앙인의 인격 형성과 성화 교육에는 실패했다. 그 결과 기독교는 신뢰를 잃고 말았다.

창조론을 부정하는 진화론자들의 딜레마는 현재 원숭이들에게서 진화 과정이 나타나지 않는 데 있다. 원숭이가 갑자기 인간이 되는 것은 아니다. 진화론이 사실이라면 진화 과정의 원숭이들, 즉 반은 원숭이, 반은 인간인 변형 상태의 중간 단계들이 나와야 하는데, 현재의 모든 원숭이에게 이 현상이 전혀 나타나지 않는다. 이것만 있으면 진화론자들이 진화론을 더 확실하게 증명할 수 있을 것이다.

크리스천도 마찬가지다. 죄인 된 우리가 의인의 신분을 얻었다면, 의인으로서의 성장 과정이 나타나야 한다. 과거야 어떻든, 어떤 삶을 살았든 의인으로의 변화가 삶에서, 인격에서 조금씩이라도 일어나야 한다. 하지만 이런 변화, 영적 진화의 중간 단계가 없다 보니 우리는 비신자들보다 나은 게 없어 보인다. 그로 인해 전도의 문이 막혔다. 결국 전도의 가장 큰 훼방꾼은 바로 '나'다.

크리스천에게 성화는 양자택일의 문제가 아니라 필수항목이다. 의롭다는 칭의와 함께 의롭게 되어 가는 성화는 신앙의 양 날개라 할 수 있다. 칭의와 성화의 두 날개로 날지 못하기에 한국 교회는 제자리에서 맴도는 신앙인이 되어 버렸다. 좁은 문으로 들어와 넓은 길에서 살아가고 있기에 성화는 무늬만 겨우 나타나고 있다. 좁은 문으로 들어왔으면 힘들고 어렵더라도 좁은 길에서 성경의 지침을 따라 살아내야 한다. 그래야 한국 교회를 향하여 너희 신앙이 참이냐, 묻는 세상에게 성화되어 가는 행동으로 우리의 신앙이 참이라고, 그 답을 보여 줄 수 있다.

성화, 왜 느린가?

성화의 삶은 특별 직분에만 해당되는 요구사항이 아니다. 모든 크리스천은 구원을 받고 천국 시민이 되기까지 성화의 의무가 있다. 거듭남과 구원에 이르는 회개 등은 순간적이며 일회적이지만 성화는 전 생애에 걸쳐 일어난다.

구약에서 성화는 '구별되었다'는 뜻이다. 성일(聖日), 성구(聖具), 성전(聖殿), 성민(聖民) 모두 구별됨을 의미한다. 하나님의 소유로 구별된 모든 것은 기구이든 집이든 사람이든 거룩(聖)해야만 했다. 거룩하신 하나님께 바쳐져서 그분의 소유로 구별된 것들은 깨끗하게 여겨져야만 했다. 거룩하지 못하면 하나님이 외면하셨다.

신약에서 성화는 점차 사람 중심으로 옮겨진다. 구원받은 크리스천을 가리켜 성도라고 불렀다. 성도는 외부적인 거룩성 때문에 붙여진 것이 아니다. 그 신분이 '거룩한 분의 것'이 되었다는 소속으로서의 의미가 더 크다. 윤리적으로나 도덕적으로 비신자들보다 더 깨끗하고 선하기 때문이 아니라, 거룩하신 아버지(聖父)의 소유물로 구별된 자들이기에 성도(聖徒)라 불리는 것이다. 성도는 행동의 합격자가 아니라 신앙고백의 합격자들이다.

성화의 출발은 언제부터?

예수 그리스도를 믿고 세례를 받고 교회 일원이 되면서 곧장 제대로 된 성화를 시작하면 얼마나 좋을까? 하지만 믿음의 출발점에 서 있는 사람은 교회에 출석하고 있다는 것뿐, 세상 사람들과 외적으로 구별되지 않는다. 그것은 여인의 임신 상태와 유사하다. 한 여인이 결혼하고 임신을 했다. 그녀는 한 남자를 만나 새로운 신분을 얻었다. 새 신분이 된 것, 이게 영적으로 비유하면 중생이요 칭의다.

아기를 임신한 여인은 아직 출산 전이지만 신분은 이미 엄마다. 신분이 바뀌었지만 모두가 그녀의 임신을 알아채는 것은 아니다. 겉으로 티가 나지 않기 때문이다. 배가 점점 불러 오면 누구나 그녀가 임신한 것을 알아차리게 되지만, 겉으로 드러나기까지는 사람마다 개인차가 있다. 성화도 같은 원리다. 우리는 칭의를 통해 하나님의 자녀씨를 잉태한 하나님의 백성이 되었다. 그러나 성화가 드러나기까지는 개인마다 차이가 있다. 어떤 이는 빨리 나타나고 어떤 이는 늦게 나타난다.

크리스천의 성화에도 이렇게 정해진 기간이 있으면 얼마나 좋을까. 그러나 거듭남이나 칭의가 타인의 눈에 보이지 않고 심지어는 자신도 모르게 진행되는 것처럼 성화도 초창기에는 모습을 거의 드러내지 않는다. 조금 이른 이들은 주일예배에 참석하고 술 담배를 끊으며 식사 때 기도하는 정도로 신자가 되었음을 드러낸다. 그러나 성품이나 인격의 성화는 자신은 물론 타인이 거의 감지하지 못한다. 믿음이 잘못되어서가 아니다. 많은 사람이 교회 출석과 동시에 성화가 시작되지 않는다.

초대교회 성도들에게 "나를 본받으라"(고전 11:1, 빌 3:17)고 권면한 바울도 초기에는 자신의 강한 기질로 성화가 드러나지 않았다. 그는 1차 선교여행에 동행한 마가를 2차 선교여행에도 동행시킬 것인가의 문제로 바나바와 크게 다퉈 결국 결별하는 모습을 보인다(행 15:36-39). 바나바가 누구인가. 바울이 초대교회의 신자로, 지도자로 안착할 수 있도록 결정적인 역할을 한 고마운 존재가 아니던가.

성화는 쉽지 않다. 초창기에는 여간해서는 그 변화를 드러내기 어렵다. 믿음의 초창기에 변화가 드러나게 되면 신앙공동체와 좋은 관계를 맺으며 아름답게 성장하게 된다. 그러나 거듭남과 칭의의 임신 기간이 길어지면, 더구나 이런 사람이 교회에 많아지면 교회는 세속주의로 가게 된다. 오늘 한국 교회는 성화의 기간이 너무 느린 영적 철부지 노인들로 인해 석화되고 있다.

성화는 점진적이다

구원은 하나님의 즉각적이고 일방적인 역사다. 내가 개입할 여지가 없다. 오직 하나님의 은혜로만 이루어진다. 그래서 바울은 구원을 하나님의 선물이라고 했다(엡 2:8).

　그러나 구원의 결과로서의 성화는 다르다. 성화는 성령님과 내가 평생에 걸쳐 공동사역으로 이뤄 가야 할 점진적 변화다. 오랜 세월 매일 자신을 성찰하고 내외에 있는 악의 세력과 대적하며 성령의 도움으로 거룩하신 하나님을 닮아 내려는 수고, 자기희생으로 이뤄 간다. 그렇기에 성화는 느리지만 그 과정은 매우 치열하다.

　《구원 그 즉각성과 점진성》을 쓴 박영선 목사는 구원을 '즉각적'이라고 설명한다. 이는 과거형 구원을 의미한다. 구원은 몇 년에 걸쳐 일어나지도 않고 오랜 과정도 없다. 구원은 일시적이며 일회적이다. 그래서 즉각적이다.

　반면에 현재적 구원으로서의 성화는 점진적이다. 조금씩 거룩해 간다. 굼벵이처럼 기어 조금씩 나아가는 것이다. 성화가 전 과정에 걸친 점진적인 과정이다 보니 부담스럽고, 성화가 되어 갈수록 세상 재미는 없어지니 되도록 외면하고 싶어진다. 그런데 그 결과는 참담하다. 신앙은 그 햇수에 상관없이 공회전되고 제자의 삶과 거리가 먼 '무리'의 삶이 되어 버린다.

하나님의 자녀 됨: 예수님의 제자 됨

　플로이드 맥클랑(Floyd McClung)은 《제자도의 본질》에서 신앙생활을 '하나님의 자녀 됨'과 '예수님의 제자 됨'으로 분류한다. 그는 오늘날의 크리스천들은 대부분 하나님의 '자녀 됨'은 좋아하는데 예수님의 '제자 됨'은 잘되지 않는다고 지적한다.

하나님의 자녀 됨과 예수님의 제자 됨의 차이는 무엇인가. 하나님의 자녀 됨에는 사랑과 축복과 용서와 위로가 있다. 대부분 믿음으로 받아들이는 하늘의 선물들이다. 그래서 하나님의 백성, 자녀 됨을 말하는 구약은 하나님으로부터 오는 현세의 복, 땅의 복들을 많이 열거한다.

반면, 예수님의 제자 됨에는 자기부정과 희생과 대가를 치르라는 요구가 따라온다. 베드로는 "주는 그리스도시요 살아 계신 하나님의 아들이시니이다"(마 16:16)라는 100점짜리 고백을 했다. 그러나 고백으로는 주님을 구세주로, 하나님으로 인정했지만 삶으로는 그 고백을 증명하지 못했다. 그의 고백은 예수님의 제자 됨보다는 하나님이 아버지 되심을 염두에 두었던 것 같다. 베드로는 제자로서 여러 해 집중 교육을 받았지만 성화에는 거의 관심이 없었다. 베드로는 고정관념의 덫에서 나오지 못했다. 성격도 행동도 거칠었고 온유함과 진지함은 더욱 없었다. 생각보다 행동이 앞섰기에 실수가 많았다. 신앙 고백은 성공했지만 삶에서 실패한 것은 다른 제자도 마찬가지였다.

그런 제자들을 향해서 주님은 "나를 따라오려거든… 자기 십자가를 지고 나를 따르라"고 말씀하신다(마 16:24). 이는 매일의 삶에서 자기의 주장과 감정과 아집을 포기하는 자기 해체의 삶이요, 주님이 주인되심을 증거하는 제자도의 삶을 의미한다. 입으로만 주인이다, 왕이다 하지 말라는 것이다. 머리로만 구세주다, 하나님이다 고백하지 말라는 것이다. 내가 너의 하나님 되심을 생활에서 행동으로 인정하며 살라는 것이다. 이런 과정을 통해 거룩해지라는 것이다.

이처럼 하나님의 자녀 됨은 '고백'으로 가능하지만 예수님의 제자 됨은 '생활'을 통해서만 증명이 된다. 그래서 한국 교회가 하나님의 축복은 기대하면서 예수님의 삶은 기피하는 이중성을 보이는 것이다. 맥클랑은 이를 두고 '예수 결핍장애'라고 진단한다. 하나님을 향한 찬양도 많고 기도도 풍성하고, 성경을 이해하는 데서 오는 지적 만족도도 높은데 정작 예수님처럼 살라고 하면 발을 뺀다. 예수님이 결핍되어 있다면 교회는 예수님의 제자를 삼는 곳이 아니라 사람의 제자를 삼거나 예수님을 팔아 밥벌이나 하는 곳이 된다. 주님 사업이 아니라 사람 사업이 되고 마는 것이다.

한국 교회가 지탄받는 것은 신자들이 하나님의 '자녀'는 되었지만 예수님을 따르는 '제자'가 되지 못했기 때문이다. 예수님을 쫓아 들판으로 바닷가로 몰려다니지만 헌신된 제자가 아니라 무리일 뿐이다. 아무리 집단을 이루어도 고백이 없고 삶이 없으면 무리에 불과하다.

로마가톨릭에서는 이런 사람들을 '냉담 신자'라 부른다. 미사 참석과 성사 생활을 중단한 채 부활절과 성탄절 전에 하는 두 차례 판공성사(의무적 고해성사)를 3년 이상 받지 않은 사람을 말한다. 서강대학교 사회학과장인 오세일 신부는 세례를 받은 일반 신자의 80%, 청년 신자 중 95% 이상이 냉담의 길을 걷고 있다고 밝힌

바 있다(가톨릭신문 2018년 6월 3일자). 2007년 천주교 서울대교구 통합 사목연구소는 "2020년이 되면 천주교 신자는 늘어나지만 미사 불참률이나 냉담자(쉬는 신자) 역시 증가할 것"이라고 내다봤는데 예측대로 냉담 신자들이 늘고 있다.

2014년 프란체스코(Francis) 교황의 방한 후 국내 천주교계는 "냉담의 거대한 빙하가 녹고 있다"며 정기적인 예배 참석자가 늘어날 것으로 기대했지만 당시 천주교 자체 통계를 보면 미사 참여율은 21% 수준까지 떨어졌다. 냉담 신자를 어떻게 열정 신자로 변화시킬 것인가, 이것이 한국 천주교의 과제라고 한다.

비단 가톨릭의 문제만이 아니다. 우리는 예수님을 액자에만 끼워 놓고 산다. 자기희생이 없는 고백은 얼마든지 하지만 수고와 포기가 따르는 제자의 삶은 거부한다. 예수님은 구세주로는 예배 받지만 주인으로는 대접받지 못하고 있다. 예수님을 따르는 군중은 많으나 정작 제자가 없는 것이다.

유대 속담에 '유대인이 되는 것은 쉽지만 유대인으로 살아가기는 어렵다'는 말이 있다. 구원받는 것은 쉽지만 구원받은 사람으로 사는 것은 쉽지 않다. 크리스천이 되는 것은 쉽지만 크리스천으로 살아가는 일은 쉽지 않다. 희생과 눈물이라는 대가가 요구되기 때문이다. 그러므로 한국 교회의 과제는 자기를 부인하고 해체하는 제자화를 통해 성화를 평생의 과업으로 삼는 것이다. 중단 없는 성화를 점진적으로 이루어 가야 한다. 구원은 아름다운 성화로 완성된다.

죄의 자각이 성화를 이루어 낸다

다윗은 골리앗으로 인해 영웅이 되었다. 고작 물맷돌로 골리앗을 쓰러뜨린 다윗은 얼마나 매력적인 영웅인가. 하지만 거인을 쓰러뜨린 영웅적 행위로는 성화가 되지 않는다. 승리가 그의 성화를 가져다준 것은 아니다.

다윗에게 간음자와 살인자라는 불명예를 안겨 준 여인, 구원의 즐거움을 앗아 가고 자원하는 마음을 가져가 버린 사랑과 수치가 공존하는 바로 그 여인, 밧세바 때문에 다윗은 오히려 성군이 될 수 있었다. 밧세바와의 불륜과 그의 남편을 살해하고 은폐한 죄인의식이 참회와 자기 성찰의 성화로 나아가게 한 것이다. 그래서 히말라야의 구루(Guru, 영적 스승)라 불리는 하이다칸 바바지(Haidakhan Babaji)는 "과거 없는 성자가 있을 수 없고, 미래 없는 죄인이 있을 수 없다"고 말했다.

성화의 과정이 아름다운 것만은 아니다. 거기에는 자기 배신으로 오는 자책과 신앙의 실패와 눈물과 외로움이 흩뿌려져 있다. 그러나 그 길을 지남으로 마침내 드러나는 성화는 정말 아름다운 열매가 된다. 이 성화를 거부한다면 감히 하나님의 자녀라 말할 수 없다. 하나님의 자녀 됨은 예수님의 제자 됨을 통해 증명되고 인정받게 된다. 성화의 신앙만이 진정 아름다운 신앙이다.

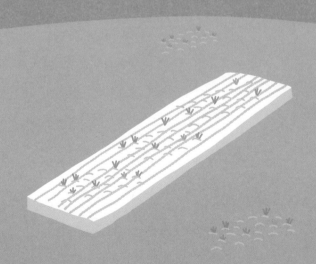

2부

왜 신앙이
공회전 되는가?

성화 원동력은 언약이다

자, 이제 타임머신을 타고 본격적으로 야곱 족장을 만나러 가자. 야곱은 성화의 영역에서 단연 연구 대상이다. 야곱 입장에서야 기분 좋을 리 없겠지만 성경에서 야곱을 빼고 성화를 말할 수는 없다. 야곱은 누구보다도 성화에 더디었고 누구보다도 빠르면서도 높은 성화를 보인 사람이다. 그렇기에 성화 연구의 적임자다.

야곱은 이삭의 아들이자 아브라함의 손자로 선대의 핏줄을 물려받아 유능했으나 누구보다 치열하게 살았다. 태생 자체가 그랬다. 쌍둥이 형을 둔 그는 어머니 뱃속에서부터 경쟁했다.

그 아들들이 그의 태 속에서 서로 싸우는지라… 창 25:22

쌍둥이끼리 왜 싸울까? 누가 싸움을 걸었을까? 당연히 동생이다. 먼저 출생하는 형이 싸움을 걸어올 까닭이 없다. 형이 되려고 아직 눈도 안 뜨고 의식도 없는 녀석이 발길질을 한다. 태아의 본능이다. 그래 봤자 먼저 나오지 못하고 형 에서에게 순서를 빼앗겼다. 그런 중에도 동생은 손으로 에서의 발꿈치를 잡았다 (창 25:26). 히브리어에서 '발꿈치를 잡았다'는 것은 '속이다', '불의로 남의 뒤를 치다'(창 27:36)는 의미다. 그래서 아버지 이삭은 차남에게 야곱이란 이름을 지어 주었는데, 그것이 그만 야곱의 생애를 예언하는 이름이 되고 말았다.

성화와는 거리가 먼 야바위꾼

발꿈치를 잡은 놈 야곱. 발꿈치는 '뒷면'이란 의미도 있는데, 뒤가 구린 놈, 뒷담화하는 놈, 뒤통수치는 놈, 앞선 사람의 발뒤꿈치를 잡아 넘어뜨리는 야바위꾼 기질을 의미하기도 한다. 야곱은 이 기질을 타고났다. 야바위란 협잡의 수단으로 그럴듯하게 꾸미는 일을 통틀어 일컫는 말이다.

야곱은 먼저 나가기 위해 앞선 자의 발꿈치를 잡았다. 형이야 언제 나오든 말든, 너는 죽든 살든 수단과 방법을 가리지 않고 먼저 나가겠다고 발꿈치를 잡은 것이다. 그러니까 야곱이라는 이름은, 남을 속이는 자, 거짓된 자(렘 9:3, 17:9), 멀쩡한 사람 발꿈치를 걸어 넘어지게 하는 자, 한마디로 사기꾼이라는 뜻이다.

야곱은 하나님의 언약에 대한 욕심이 컸다. 믿음의 욕심이 컸고 믿음의 그릇도 컸다. 에서는 믿음에 관심이 없었다. 집안에 내려오는 언약을 우습게 알았다. 영성과 종교심이 없는 것이다.

할아버지는 위대한 아브라함이다. 이스라엘과 아랍 국가의 조상이자 종교적으로는 유대교 이슬람교 기독교의 시조이며 영적으로는 모든 크리스천의 조상이다. 아브라함은 이렇듯 걸출한 인물이다. 하나님이 아브라함을 부르셔서 한 국가의 시조로 세우고 3대 축복을 주셨다.

"국가를 이룰 땅을 주겠다!"

"민족을 이룰 자손을 주겠다!"

"혈통에서 메시아가 나와 축복의 근원이 될 것이다!"

장자인 에서는 언약 축복의 내용은 알았지만 그 축복의 위대함을 실감하지 못하고 심드렁하게 생각했다. 그게 나하고 무슨 상관이 있느냐는 것이다. 종교에도 언약에도 관심이 없었다. 그러니 하나님의 영향권 안으로 조금도 들어가지 못했다. 그에게는 성화 자체가 없는 것이다.

하나님도 에서에게 관심이 없기는 마찬가지다. 하나님은 자기에게 관심을 갖는 사람에게 관심을 보이시고 자기를 사랑하는 자를 사랑하신다(잠 8:17). 에서가 관심을 갖지 않으니 하나님도 에서를 그냥 내버려 두신다. 그의 성화를 기대하지 않으신다.

하지만 야곱에게는 성화를 기대하셨다. 그런데 야곱은 참 나쁜 사람이다. 모태 중에서 형의 발을 잡고 놓지 않으면 산모도 형도 저도 죽을 수 있다. 남의 입장은 생각도 하지 않는다. 나쁜 성격을 갖고 나왔으니 당연히 나쁘게 행동하고 나쁘게 말한다. 앞뒤가 다른 말로 어수룩한 형을 속인다. 아버지도 속인다. 이중 언어는 이중 행동을 가져오고 이중 행동은 이중인격이 된다. 이중인격은 이중 신앙이 된다. 그러니 성화가 안 된다. 형과 아버지를 속이고 하나님조차 속인다. 그런 속임수로 형의 축복을 가로챘으니 타고난 사냥꾼인 에서가 가만있을 리 없다.

> 그 아이들이 장성하매 에서는 익숙한 사냥꾼이었으므로 들사람이 되고 야곱은
> 조용한 사람이었으므로 장막에 거주하니 **창 25:27**

조용한 사람, 차분한 야곱이기에 억센 사냥꾼 에서의 주먹 한 방이면 간다. 그래서 야곱은 하는 수 없이 야반도주를 하고 그 여정에서 하나님을 만난다. 이때 야곱은 하나님께 세 가지를 서원한다(창 28:21-22).

'평생 하나님만 섬기겠다!'

'십일조 생활을 하겠다!'

'여기 벧엘에 전을 세우겠다!'

전을 세우겠다는 것은 예배하러 오겠다는 의미다. 그러나 야곱은 20년 동안 벧엘에 오지 않았다. 하나님만 섬기겠다 약속했으나 아내인 라헬이 드라빔 우상을 섬기는 것을 허용했다. 십일조를 했다는 기록도 없다. 고백은 있는데, 실천이 없고 행위가 없다. 당연히 성화도 없다. 돈 버느라 하나님도 예배당도 믿음의 줄도 놓아 버린 것이다. 사기꾼으로 살았으니 성화야 꿈도 꿀 수 없다.

야곱은 하나님의 주권적 역사로 선택을 받았고 아버지의 안수 축복으로 언약의 계승자 신분을 얻었다. 그러나 언약을 계승한 사람답게 처신하지 못했고 진실하지도 못했다. 신분에 걸맞은 삶을 살지 못한 것이다. 그러니 성화는 그 누구보다 더딜 수밖에 없다.

야곱을 수식하는 형용사는 '나쁜'이다. 모두 야곱을 나쁜 사람이라고 욕한다. 나쁜 동생, 나쁜 아들, 나쁜 남편, 나쁜 아버지, 나

쁜 조카…. 에서의 자녀들은 야곱을 보고 뭐라고 했을까? 아버지의 복을 가로챈 나쁜 삼촌! 처사촌 조카들은 뭐라고 불렀을까? 아버지의 가축을 빼앗아 간 나쁜 고모부(창 31:1)!

야곱이 하나님을 들먹일수록 하나님이 욕을 먹는다. 야곱의 더딘 성화 때문에 하나님이 욕을 먹는다.

이중 행동은 이중 신앙을 낳고

그럼에도 하나님은 야곱을 버리지 않으신다. 야곱의 성화에 매우 집착하신다. 왜 그랬을까? 하나님이 사기꾼을 좋아하실 리 만무한데 왜 야곱은 끝까지 추적하셨을까? 야곱의 첫사랑 라헬을 먼저 데려가시고, 요셉은 잃어버리고 외동딸은 성폭행 당하는 환란을 허락하시면서까지 하나님은 왜 야곱을 포기하지 않으셨을까?

언약 때문이다. 야곱을 통해 메시아 부족이 되고, 요셉을 통해 메시아 민족이 되고, 결국은 아브라함에게 약속하신 3대 축복을 이루시기 위해 야곱을 끝까지 인내하며 추적하신 것이다. 야곱이 언약 성취의 중심이 되려면 그는 먼저 성화되어야 했다. 하나님을 닮아 내야 하나님의 축복을 담을 수 있다. 이 성화를 위해 하나님은 야곱에게 시련을 주시고 환란을 허락하신다. 따라서 야곱은 언약 안에서 성화를 이룰 수 있었다. 야곱 성화의 원동력은 언약이라고 말할 수 있다.

출처를 알 수 없지만, 내 집필 노트에 기록했던 말을 옮겨 본다.

"기독교와 도덕주의는 서로 다른 두 개의 종교라고 할 수 있다. 크리스천은 높은 도덕성을 유지해야 하지만 그의 도덕성이 그를 크리스천으로 만드는 것은 아니다. 그를 크리스천으로 만들고 또 하나님을 영원히 즐거워할 수 있게 만드는 것은 하나님과의 특별한 언약 관계다. 회개는 그의 눈을 열어 하나님을 보고 또 맛보게 한다."

자신이 하나님과 특별한 언약 관계에 있다는 것을 알려면 먼저 눈이 열려야 한다. 눈을 열게 하는 것은 회개다. 언약 안에 있던 야곱을 위해 허락하신 환란과 시련을 통해 야곱은 뼈를 깎는 회개를 했고, 그로써 성경 최고의 성화된 인물로 거듭날 수 있었다. 야곱이 대단한 것이 아니라 그 사기꾼을 인내하고 추적하며 훈련하셔서 성화의 인물로 빚어내신 하나님이 대단하다.

성화가 왜 믿음의 중심이 되어야 할까? 성화는 구속과 관계있기 때문이다. 우리가 예수님 안에 있는 것이 구속이라면 예수님이 내 안에 있는 것이 성화다. 우리는 주님의 피 흘림을 통해 하나님의 자녀가 되었다. 하나님의 자녀가 된 순간부터 하나님은 우리를 의인이라 칭하신다. 신학 용어로 '칭의'라고 한다. 칭의의 신분을 얻은 자에게 하나님은 거룩을 명하신다. 이것이 크리스천이 필생으로 이룩할 과업이다.

성화는 믿음 생활의 중심이다. 과거가 어떻든 교사 남편과 결혼하면 '선생님 사모님'이 된다. 목사 부인이 되면 '목사님 사모님'이 된다. 대통령 부인은 영부인으로서 품위를 지켜야 한다. 신분에 걸

맞게, 새 주인의 거룩한 요구에 반응하고 응답해야 한다.

야곱은 자신의 신분(언약)을 제대로 이해하지 못했다. 위대한 언약 계승자라는 신분을 알았다면 그에 걸맞은 행동과 성품으로 성화를 이루어 갔을 텐데, 안타깝게도 그러지 못했다.

야곱은 자신이 어떤 신분인지 모르고 세속적인 성공만 좇았다. 수단과 방법을 가리지 않고 돈을 벌어 집안과 사업을 일으키고 객지에서 자수성가하기만을 바랐다. 그러자니 믿을 사람이 없다. 과연 객지에서 누구를 믿을 수 있겠는가? 그래서 야곱은 걸핏하면 사기 치고 뒤통수를 치며 나쁜 남자가 되었다. 그런데 그 결과는 어떤가. 원하는 것을 성취했을지 모르지만 결국 사기꾼이 되었다. 남을 속이고 피해를 입히면서 교회 생활 열심히 한다고 성화될 리 만무하다. 야곱이 나쁜 사람이 된 이유다.

우리는 칭의의 신분을 얻는 순간 성령으로 거듭난다. 성령의 역사로 내가 죄인이라는 사실에 동의하고 예수님을 구세주로 영접하며 구원을 받고 새로운 신분을 얻었다. 성령이 거듭나게 하셨기에 성령 안에서 생명이 자라야 한다. 벧엘의 하나님을 기억하고 믿음의 옷을 입고 있어야 한다. 즉 성화가 이뤄져야 한다.

내면을 화장하라

인간은 거울이 발명되면서 영성을 잃어버렸다는 말이 있다. 외적인 아름다움을 추구하다 보니 내면을 가꾸는 일에 소홀해졌고 그에 따라 영성을 잃어버렸다는 것이다. 텔레비전과 인터넷, 스마트폰은 영성을 점점 더 심각하게 오염시키고 있다. 사탄은 에덴동산에서부터 지금까지 집요하게 우리의 영성을 공략하고 있다.

한국 교회가 영성을 회복하려면 내면의 아름다움에 눈을 돌려야 한다. 거듭난 크리스천들조차 타인의 평가에 너무 연연해한다. 사울이 하나님의 평가보다 사람들의 여론에 연연하다 자기 인생도, 국정도 망쳐 버리지 않았던가. 사람들의 평가에 신경 쓰다 보면 자꾸 형식에 빠지게 되고 영음(靈音)보다 잡음을 청취하기 바쁘다. 성화와는 거리가 먼 소음 인생이 되는 것이 멀리 있지 않다. 잡음의 대표격은 스마트폰과 메신저다. 크리스천은 이것들에 빼앗기는 시간을 의지적으로 줄여야 한다.

내면의 아름다움이란 무엇인가? 하나님 관점에서의 아름다움이다. 즉 하나님이 보시기에 내면이 건강하고 건전한 것이 내면의 아름다움이다. 성화는 나의 책임도 있지만 결국은 성령님의 사역이다. 우리 속에 임재하시는 성령님을 인정하고 그분께 마음을 내어 드리면 그분이 우리의 내면을 아름답게 가꿔 가실 것이다. 그것이 곧 성화다.

신앙이 공회전되고 있다

'예수님을 닮아 낸다', '거룩하게 산다', '성스럽게 산다'. 말만 들어도 부담스럽다. 한창 팔팔 뛰어놀 악동에게 고급 양복을 입히고 점잖게 행동할 것을 요구하는 것처럼 억지스럽고 흔연하지 않다. 그래서 은혜는 인기가 있어도 성화는 인기가 없다.

신앙고백이 마음 영역이라면 성화는 성품과 행위 영역이다. 고백이 쉬울까, 고백대로 사는 게 쉬울까? 설교가 쉬울까, 설교한 대로 사는 것이 쉬울까? 당연히 입으로만 믿는 것이 쉽고 행위가 없는 기도가 수월하다. 오래 신앙생활 하고 기도 잘하는 신자들이 더 실망스러운 이유가 여기에 있다.

예수님을 믿고 처음에는 내 신분과 내 생활의 편차가 너무 크다. 하루아침에 하나님의 자녀라는 거룩한 신분을 얻었다. 오늘 죽어도 당당하게 천국에 들어갈 의인의 신분이요 거룩한 신분이다. 그러나 신분만 하나님의 자녀이지 생활은 여전히 부모의 자식이고 죄에 오염된 상태다.

말은, 우리끼리는 성도라고 한다. 인격과 행위와 생활은 아직도 의인 신분에 못 미친다. 그래서 성도라는 말을 들으면 얼굴이 화끈거린다. 성자라는 말로 들려서 그렇다! 성자는 테레사 수녀나 한경직 목사 같은 거룩한 사람에게만 해당되는 말 같은데, 교회 갔더니 하루아침에 나를 성도라고 칭한다. 참으로 민망한 일이다.

그러나 예수님을 믿는 우리는 모두 틀림없는 성도다. 우리는 거듭난 사람이 되어 거룩하신 성부 성자 성령에게 소속된 신분이기 때문이다. 믿음 생활이란 행위까지도 거룩한 신분에 일치하도록 그 간극을 좁혀 가는 과정이다. 그러므로 성화는 구원 이후 최대 프로젝트다. 우리 신분을 하나님의 자녀라는 신분에 맞게 만들어 가는 성화 프로젝트에 신앙생활을 올인해야 한다.

세상의 눈

우리가 성화되어야 할 이유는, 하나님의 자녀 신분에 선교 미션이 주어졌기 때문이다. 선교는 언어 전도와 인격 전도가 있다. 언어 전도는 입으로 전하는 것이요 인격 전도는 비언어적 행위다. 비언어적 전도는 관계전도다. 좋은 관계를 맺어야 그들도 점차 믿음으로 들어온다.

우리가 거룩하신 하나님을 소개하면서 거룩하지 못하고, 원수까지 사랑하신다는 하나님을 전하면서 원수는커녕 옆자리 교인도 사랑하지 못하면 누가 내 말을 믿을까? 하나님의 자비와 용서를 말하면서 세상 사람들보다 더 고집스럽고 교만하다면 누가 하나님을 믿을까? 주변 사람들이 나를 보고 예수님이 괜찮은 분 같고 교회가 좋은 곳 같다고 말한다면 성화의 중간 단계까지는 간 것이다. 그러나 사람들이 교회를 욕하고 예수님을 인정하지 않는다면 그것은 나 때문이다. 내가 그들이 하나님께 가는 길을 막아서고 있는 것이다.

누군가 아무개 대학교 출신은 모두 못쓰겠다고 욕한다고 하자. 이유를 물으니 아무개 대학교 출신의 집에서 세를 살았는데 그 주인이 인색하고 사납게 굴어서 이후로 아무개 대학교 출신을 싸잡아 싫어하게 된 것이다. 아무개 대학교와 주인은 하등 상관이 없는데도 우리는 둘을 구분하지 못한다. 한국 교회가 다 나빠서 욕을 먹고 교회가 다 좋아서 칭찬을 듣는 게 아니다. 교회에 다닌다면서 성격이 까탈스럽고 남을 넘어지게 하면 세상 사람들 눈에 교회는 다 나쁘고 신자들이 다 나쁘다. 크리스천은 사람들에게 교회와 연결되는 유일한 통로이면서 교회를 들여다볼 수 있는 열쇠 구멍이기 때문이다.

"기독교인이란 다른 사람들이 하나님을 볼 수 있게 해주는 열쇠 구멍이다."

'최초의 미국인' 벤자민 프랭클린(Benjamin Franklin)이 한 말이다. 정확한 지적이다. 내가 좋아야 교회도 좋고 하나님도 좋다. 내가 독하게 굴고 해를 끼치면 교회도 하나님도 도매금으로 다 나쁘다. 그래서 내 성화가 필요한 것이다. 어거스틴(St. Augustine)은 "나를 알고 있는 이웃들에게 내가 어떤 사람으로 기억되고 싶어 할까?'를 스스로 물어보는 것이 성화의 첫출발"이라고 했다.

우리가 믿기 시작했으면 하나님이 주신 의인 신분과 생활이 짝이 되어야 한다. 신앙과 생활의 간극을 좁혀야 한다. 이게 바로 성화다. 이게 우리에게 주어진 미션인데 우리는 엉뚱한 곳에서 열심을 내고 있다. 공연한 헛발질을 하니 성장이 일어날 수가 없다.

한국 교회가 달라져야 한다. 신앙도 좋아야 하지만 생활도 좋아야 한다. 기도도 잘해야 하지만 생활 기도가 좋아야 한다. 고백한 것만큼 생활로 살고, 믿는 것만큼 행동으로 그 믿음이 진짜임을 보여야 한다. 잘 말하는 것만큼 잘 살아야 한다.

비신자들의 눈에 비친 한국 교회는 세습이나 재정 비리나 예배당 건축도 문제지만 신자들의 성숙하지 못한 삶이 가장 큰 문제다. 성화의 문제인 것이다. 말하고 행동하는 것에서 신자든 비신자든 차별이 없는 것이 문제다. 아니 오히려 더 못할 때가 있는 것이 문제다.

하나님은 "내가 거룩하니 너희도 거룩하라"(레 11:45)고 명령하셨다. 마침내 예수님을 보내셔서 예수님의 온유와 겸손, 자비와 긍휼, 사랑과 순종을 배우고 닮아 가는 것이 거룩임을 알려 주셨다. 무엇보다 예수님은 자신이 아니라 하나님을 먼저 생각하셨다. 하나님의 뜻에 자신을 굴복시키셨다.

우리는 그런 예수님을 20년, 30년 믿고 있다. 그런데도 우리 삶에서 예수님의 모습이 나타나지 않고 있다. 왜 그럴까? 하나님은 콩나물이 자라듯 우리가 하루아침에 성화되기를 기대하시지 않는다. 대신에 조금씩이라도 자라라고 하신다. 믿은 세월만큼, 성경 읽은 만큼, 설교 들은 만큼 조금씩 성장하라고 하신다. 다른 말로 하면 밥값 하라는 것이다. 그런데 우리는 왜 믿음의 밥값을 하지 못할까? 믿음의 번지수, 성화의 번지수를 잘못 짚었기 때문이다.

야곱은 성화 늦둥이

성경에서 성화의 가장 좋은 모델을 꼽으라면 단연 야곱이다. 야곱은 성화가 가장 안 되었으면서도 성화의 최고봉에 오른 인물이다. 그래서 야곱에게 친근감을 느낀다. 지독히도 성화되지 못하고 남에게 해만 끼치는 야곱에게서 나의 모습을 발견하고 위안을 얻는가 하면, 그랬던 야곱이 성화의 최고봉에 오른 것을 보면서 나도 하나님이 성화시켜 주실 것이라는 기대를 갖게 되기 때문이다.

그런데 한국 교회는 요셉을 성공신학의 모델로 삼고 있다. 애굽 제국의 총리가 된 사실에 주목하고 요셉이 받은 복을 추구한다. 요셉은 한국 교회에서 복에 대한 잘못된 인식을 양성하는 장본인이 되었다.

그러나 요셉이 성공해서 총리가 되었다는 사실보다 더 중요한 것이 있다. 바로 성화다. 그는 형제들 사이에서 왕따를 당하고 살해 위협을 받다가 결국 버림 받았으나 그럼에도 성화되어 갔다. 노예가 되어서도, 감옥에 갇혀서도 상황에 굴하지 않고 꾸준히 성화를 향해 갔다.

요셉은 시기와 질투를 받아 집을 떠나 객지생활을 했지만 일찍 성화의 삶을 살았다. 애굽 왕의 친위대장 집에서는 노예 신분임에도 가정총무를 맡았고, 옥에 갇혀서는 간수장의 신임을 받아 옥중 사무를 맡았고, 같은 죄수 신분임에도 죄수들의 멘토가 되었다. 요셉을 경험한 사람들은 하나님이 요셉과 함께하심을 알아보았다. 요셉의 위대함은 여기에 있다.

야곱은 이게 안 되는 사람이다. 야곱은 남을 골탕 먹이고는 야반도주를 했다. 언약의 계승자로 성화의 삶을 살고자 한다면 야반도주가 아니라 맞아 죽을 각오로 아버지에게 용서를 빌고 형의 억울함을 풀어 주어야 마땅하다. 형에게 어떤 구박을 당하더라도 대가를 치러야 한다. 에서 형에게 맞으면서 사기친 죄를 뉘우치고 구박당하는 고생을 하면서 남을 속인 죄를 회개해야 한다. 그래야 일찍 성화가 된다. 내가 일찍 성화가 되면 내 아내와 자식이 그만큼 덜 고생하게 된다.

하지만 야곱은 도망쳐 버렸다. 성화의 길로 들어서지 않고 사기꾼의 길로 내빼 버렸다. 언제까지 그랬을까? 그의 나이 130세까지다. 시쳇말로 '더럽게도' 성화가 안 되는 사람이다. 야곱은 성화 늦둥이다.

야곱이 성화되는 데 왜 130년이나 걸렸을까? 인생의 목적을 성공과 출세에 두고 성화에 두지 않았기 때문이다. 이 이야기가 야곱에게만 해당되는가? 결국 내 얘기이며 우리 얘기가 아닌가?

허브 밀러(Herb Miller) 박사는 그의 책 *Fishing On The Asphalt*(아

스팔트에서의 낚시질)에서 크리스천은 생애 동안 평균 6000번 이상 설교를 듣고, 18만 8000번 이상 기도하고, 12만 번 이상 찬송을 부르지만 믿지 않는 사람에게 그리스도를 구세주로 소개하고 전도하는 사람은 극히 드물다고 지적했다. 신앙의 공회전을 지적한 것이다.

공회전은 멈추어 있는 어떤 기계가 필요 없이 돌아가는, 일명 '헛돌이'다. 자동차가 공회전하면, 불필요한 연료를 낭비할 뿐만 아니라 시동이 걸려 있기에 각종 유해물질이 배출되어 대기가 오염된다. 소음도 만만찮다. 오래된 차량일수록 공회전으로 인한 매연 발생이 높다.

이런 공회전이 오늘 한국 교회에도 나타나고 있다. 10년을 믿었거나 30년을 믿었거나 인격에서 혹은 생활에서 별다른 차이를 보이지 못하는 것은 신앙생활의 공회전 때문이다. 오래 믿을수록, 교회의 중직자일수록 교회를 힘들게 하고 실망스런 행동을 하는 것을 보면 공회전으로 발생하는 소음이요 공기를 오염시키는 유해물질이라는 생각이 든다.

한국 교회가 설교를 듣는 것만큼 성화되지 않는 것은 들은 말씀을 생활과 결부시키지 않기 때문이다(히 4:2). 우리가 말씀을 듣는 것은 행하기 위함이요 그렇게 살기 위함이다. 초대교회에도 말씀을 듣는 그 자체로 만족하는 사람들이 있었다. 성경을 지식으로 알고 설교 자체에 은혜를 받는 것으로 만족했다. 그렇다 보니 성화가 나타나지 않았다. 야보고는 이들에게 말씀을 듣고도 행하지 않는 것은 거울을 보고 흠을 발견했음에도 그냥 넘어가 버리는 것이라고 질타했다(약 1:23-24).

오늘날 우리도 성경을 잘 알고 성경공부도 신학교 수준으로 하는데 성경대로 살려고는 하지 않는다. 성경을 배우기 위해 십리 이십 리도 가면서 배운 말씀을 옆 사람에게조차 실천하지 않는다. 그러니 지식으로만 성장하고 신앙 연륜만 늘어 간다. 현대판 바리새인들이 될까 겁이 난다.

신앙의 공회전은 기도에서 더 두드러지게 나타난다. 한국 교회는 기도를 엄청 많이 한다. 그야말로 세계 1위다. 한국에서 가장 많이 팔리는 신앙서적도 기도와 관련된 책이다. 그러나 기도의 중요성을 알고 많이 하면서도 또 그만큼 기도가 오염되어 있다. 교인들의 영적 토양이 아직도 샤머니즘, 불교, 유교에서 벗어나지 못한 원인도 있지만, 기도가 성화 수단이 아니라 무언가를 얻어 내는 도구가 된 것이 큰 문제다. 기도를 열심히 하는 사람을 보면 기도로 다듬어지는 단아함과 상냥함이 있어야 하는데 누구는 항상 심각하고, 누구는 남을 험담하기 바쁘다. 한 우물에서 쓴물과 단물이 나오니 거룩한 영향력을 끼칠 수 없는 것이다.

기도는 성화로 자라야 하고 성화 기도는 친절과 너그러움으로 드러나야 한다. 그럼에도 장시간의 기도가 성화에 도움이 되지 못함은 주기도문의 "너희는 이렇게 기도하라"를 "이렇게 살라"로 연결하지 못하기 때문이다.

기도의 중요성은 아무리 강조해도 지나치지 않는다. 기도의 크기가 교회의 크기요 신앙의 크기다. 기도가 살아야 한국 교회가 산다. 기도가 죽으면 교회도 시들해진다. 문제는, 기도자들의 마음 자세다. 그들은 기도의 목적, 내용, 길이만 생각하지 성화에는 별 관심이 없다. 하나님의 보좌를 움직이기 위해서는 하루 일곱 시간 도 기도하면서 기도한 대로 살려는 행위는 30분도 안 된다. 생활 기도가 없는 기도 생활만 늘어나는, 기도의 공회전이 심각한 문제 를 야기하고 있다.

　한국 교회는 신앙의 공회전, 기도의 공회전, 성경공부의 공회전 을 멈춰야 한다. 소리만 요란하게 울리면서 한 발자국도 전진하지 못하는, 이런 공회전은 동네방네 소음만 되고 아까운 기름만 축낼 뿐이다. 이제는 들은 말씀대로 살고 아름다운 예수의 향기를 풍기 면서 살아야 한다. 그러한 삶은 성화를 통해서만 이루어진다.

성화의 영역은 어디인가?

어떤 영역에서 성화가 이루어져야 할까? 머리일까? 한국 교회 성도들이 가장 많이 빠지는 함정이자 착각이다. 그래서 성화 설교를 들을 때마다 머리로 이해하고 머리로 은혜를 받고 머리에서 끝난다. '관념의 성화'다. 종이에 돈을 잔뜩 그려 놓았다고 현찰이 될수는 없다. 그것은 단지 그림에 불과하다.

우리가 진정한 성화를 보여 주지 못하는 것은 성화의 번지수를 잘못 짚었기 때문이다. 성화가 일어나야 할 영역은 성격과 일상생활이다. 성화를 원한다면 먼저 성격에 시동을 걸어야 한다. 안 그러면 성격은 죽을 때까지 나를 주장하고, 믿는 흉내만 내다 끝난다. 머리를 빡빡 깎는다고 승려일까? 승려답게 살아야 승려다.

우리 성격이 십자가에서 계속 수술을 받지 않고 입으로만, 교리로만 성화를 말하는 것은, 에이든 토저(Aiden Tozer)의 말을 빌린다면 '종교적 소꿉놀이'에 불과하다. 교회는 이런 사람들로 인해 욕을 먹는다. 성경적 지식은 박사 수준인데 성질이나 행동이 무례한 사람들 때문에 교회는 골치가 아프다.

생활 성화가 바른 믿음

성화는 성품으로 시작하여 일상생활에서 드러나야 한다. 생활 성화다. 성화 하면 기도하는 모습, 거룩히 예배드리는 모습, 손을 들고 찬양하는 모습을 먼저 상상한다. 그러나 이는 성화로 들어가는 성화의 문이지 성화의 본질은 아니다.

1970년대 한국 사회는 '잘살아 보세' 하며 새마을운동을 펼쳤다. 그 결과 한강의 기적을 일으켰고 지금 우리는 잘살게 되었다. 그런데 문제가 생겼다. '바르게 살아 보세'가 빠진 것이다. 새마을운동을 새마음운동으로 연결하지 못했기에 한국 사회는 정직하지 못한 사회가 되었다.

한국 교회도 여기서 벗어나지 못했다. 교인들은 하나님을 믿어 "복 받아 보세" 했고 교회는 "부흥되어 보세" 하고 노래했지만 바르게 살아 보자는 몸부림은 없었다. 그 결과 정직하고 진실하며 예의 바른 크리스천상을 제시하지 못했다.

믿음으로 산다는 것은 무엇인가? 생활에서 보이는 믿음이 산 믿음이요 역사하는 믿음이다. 그렇기에 믿음은 예배당에서도 나와야 하지만 생활에서 나와야 진짜다. 크리스천은 휴게소에 들렀을 때 조용히 움직이고 식탁에서 음식을 먹고 나서는 식탁에 물 한 방울 남지 않도록 깨끗이 치우고 의자를 제자리에 놓고 나와야 한다. 권사님, 집사님 불러대며 소란스레 몰려다니는 것은 주변을 불쾌하게 만드는 일이다. 승용차에 크리스천의 표식인 물고기나 성경을 올려놓고 다니려면 더 반듯하게 교통질서를 지켜야 하고 끼어들기를 삼가며 피치 못할 경우라면 미안하다, 고맙다는 신호를 해주어야 한다. 교회에서 거룩을 흉내 내는 것이 성화가 아니다. 생활에서 나타나는 것이 진짜 성화다.

유튜브에서 조회수 250만 명을 기록한 '예배 보러 와서 지정주차 무시하고 주차한 아줌마'라는 영상은 거룩을 흉내 내는 크리스천의 몰염치를 보여 주고 있다. 문자로 벌인 설전을 요약해 본다.

- 차 좀 빼주세요. 제 주차 공간입니다.
"예배 끝나면 빼드릴게요."
- 예배 언제 끝나는데요?
"30분 정도면 될 거예요. 기다려 주세요."
- 장난하세요? 예배는 중요하면서 제 시간은 중요하지 않습니까?
"본인만 급하다고 예배드리고 있는 사람한테 예배드리지 말고 차 빼라는 게 말이 되나요?"
- 제발 차 좀 빼 달라고요.
"정 급하시면 택시 타고 다녀오세요."
[그로부터 1시간 후]
"네가 내 차 가지고 갔어? 도둑놈이야?"
- 견인했다는 종이가 있을 텐데….
"내가 뭘 잘못했다고 견인을 해?"
- 난 우리 집 땅이니 차 빼라 했고요, 법대로 한다고 말했습니다.
"30분만 기다려 달라고 했잖아? 예배 끝나면 바로 빼준다고 기다려 달라 했는데 그리 어려워? 이거 사람의 탈을 쓴 사탄의 자식이네!"

- 뭐라고 하셨어요?

"그렇게 이기적으로 살지 말라고! 걱정돼서 하는 소리다."

- 나 혼자쯤이야, 라고 생각하는 아줌마 때문에 다수의 교인들이 욕 먹는 건 생각 안 하나요? 잘못을 저지르고 당당하게 행동하라고 교회에서 가르쳐 주던가요?

"지금 우리 교회 욕한 거야?"

- 아줌마 욕한 거고 아줌마 때문에 교회까지 욕을 먹는 거지요.

"너, 내가 누군지 알고 이러는 거야?"

문자 공방은 이후에도 이어진다. 물론 이 대화는 조작의 냄새가 난다. 그 짧은 시간에 어떻게 그 많은 내용을 주고받을 수 있는 지 미심쩍은 대목이 많지만, 교회 주변에서 일어나는 주차 실랑이를 고려하면 충분히 있음직한 내용이기도 하다. 남의 주차구역에 주차했으면 예배 중이라도 나와서 무조건 미안하다고 사과하고 빼 줘야 한다. 그래야 신앙인이고 성화의 싹이라도 보이는 사람이다.

목욕탕 성화가 진짜다

문화심리학자 김정운 교수는 "몸은 나를 그대로 보여 준다"고 했다. 그 말의 뜻은 음미할수록 마음에 와 닿는다. 특히 목욕탕에 서는 그 말이 더욱 마음에 와 닿는다. 몸을 보면 그 사람이 어떻게 살아왔는가를 알 수 있는데, 특히 벗은 몸의 상태에서 말과 자세와 태도를 보면 어떤 인격인가를 어느 정도는 짐작할 수 있다.

성화를 힘쓰는 사람은 목욕탕에서도 뭔가 다르다. 물 한 방울, 비누 거품 하나도 남에게 피해 주지 않으려고 예의를 갖춘다. 나는 목욕탕에서 자주 시험에 든다. 별의별 사람을 다 보기 때문이다. 물을 틀어 놓은 채 다른 곳에서 샤워하는 사람이 있는가 하면 내 것이 아니라고 수건을 석 장 넉 장 마구 쓰는 사람도 있다. 목욕탕에서 꼴불견 1번은 샤워도 하지 않고 대중탕으로 들어와 '어, 시원하다' 하는 사람이다. 공용 공간인 대중탕은 몸을 비누칠로 씻은 뒤에 들어가야 한다. 그것이 공중질서이고 예의다.

어느 날인가, 그런 꼴불견이 대중탕에 들어왔다. 50대인 듯했는데, 같이 있기 싫어서 사우나실로 갔다. 몇 명이 조용히 땀을 빼고 있었는데, 잠시 후에 그 꼴불견이 사우나실로 들어오더니 바닥에 벌렁 드러누워서는 찬송가를 흥얼거리는 게 아닌가! 얼마나 화가 나던지 "일어나지 못해! 어른들 앞에서 이게 뭐 하는 짓이야? 나도 교인인데 이런 데서 그렇게 부르라고 찬송가가 있는 게 아니야! 당장 그만둬!" 하고 꽥 소리를 질러 주고 싶었지만 꾹 참았다. 교인들끼리 망신당할까 봐서다.

이런 사람들이 믿음이 좋아서는 안 된다. 공중질서도 모르고 예의도 없는 무례한 사람이 장로 권사가 되면 교회는 교회답지 않게 된다. 교회가 교회다우려면 제발 이런 사람들이 믿음이 좋지 말든지 생활 성화가 되든지 해야 한다. 타인을 배려할 줄 모르는 이런 사람이 한 교회 오래 다녔다고 중직자가 되고 교회에서 행세하게 해선 안 된다.

성화의 장소는 예배당이나 설교단만이 아니다. 생활 성화 없이 예배당에서만 보이는 성화라면 그것은 '게토' 성화다. 게토(ghetto) 는 중세 이후 유대인들을 강제로 격리시킨 거주 지역을 이르는 말이었지만, 지금은 외부와 격리되어 살아가는 특정 인종이나 종족의 지역, 종교 집단을 지칭한다. 성화가 예배당에서만 나타나는 게토 성화라면 짠맛을 잃어버린 소금과 같다. 짠맛을 잃어버린 소금은 아무리 짠맛 행세를 해도 세상이 다 안다. 그래서 지금 교회가 세상의 입방아에 오르내리는 것이다.

제대로 된 성화는 예배당이 아니라 여럿이 어울려 살아가는 대중들 속에서 제 빛깔을 내야 한다. 고속도로 휴게소에서 보여야 하고 명절 때 가족들 사이에서 보여야 하고 미용실에서도, 학부모 모임에서도 드러나야 한다. 재래시장의 콩나물 장수에게, 택시 운전사에게 성화된 모습을 보여야 한다. 콩나물 값을 악착같이 깎거나 택시를 탄 뒤 잔돈을 틀림없이 받는 억척스러움은 전혀 덕이되지 않는다.

예배당에서도 마찬가지다. 옆자리 성도들에게 친절히 웃으며인사하기, 식당에서 음식을 남기지 않고 먹기, 먹고 나선 뒷정리하기, 예배당 전깃불 끄기, 에어컨과 히터 아껴 쓰기, 공용 화장실깨끗이 사용하기, 시간 엄수하기, 꾼 돈 제때 갚기, 실수하거나 잘못했으면 미안하다고 말하고 용서를 빌기, 거리에 쓰레기 던지지 말기, 운전하면서 욕하지 않기…. 이런 생활 성화가 세상을 변화시키는 힘을 발휘한다. 제대로 된 성화이기 때문이다. 교회가 이런 성화로 변화되지 않으면 세상이 교회를 변질시키고 만다.

"예수 믿는 사람입니다"

평양에만 교회가 있던, 우리나라 초대교회 때의 이야기다. 믿음이 좋은 여성도가 진남포로 이사를 갔다. 진남포에 가서도 평양을 오가며 주일성수를 했다. 토요일에 출발해서 월요일에 돌아오는 신앙생활을 하면서 진남포에도 예배당이 생기도록 기도했다.

한번은 달구지에 두 아들을 태우고 가는데 형제들끼리 막대기 장난을 하다 옆을 지나던 말의 눈을 찔렀고, 말이 놀라 뛰는 바람에 타고 있던 사람이 중심을 잡지 못하고 떨어져 중상을 입었다. 모두 눈 깜짝할 사이에 생긴 일이다. 형제는 경찰서로 연행되어 재판을 받았다. 재판장이 누가 그랬냐고 묻자 형도 동생도 자기가 한 일이라고 했다. 난감해진 재판장이 어머니를 불러 의견을 물었다. 신앙심이 깊은 여성도는 이렇게 말했다.

"벌을 받는다면 작은아들에게 내려 주십시오. 저는 이 가정으로 개가를 했습니다. 큰아이는 전처의 소생이고 작은아이는 제가 낳은 아들입니다."

검사가 그 말에 감동을 받아 "당신은 무엇 하는 사람이오?" 하고 물었다. 여성도는 대답했다.

"예수 믿는 사람입니다."

"예수 믿는 사람은 다 그렇게 되는 것입니까?"

"네, 예수 믿는 사람은 모두 그렇게 됩니다."

그러자 재판장이 크게 감동을 받아 다음과 같이 말했다.

"내가 돈을 줄 테니 진남포 땅에 예배당을 세워 당신 같은 사람이 많이 생기도록 해주시오!"

그렇게 해서 진남포에 첫 예배당이 세워졌다.

이 여인은 배운 대로 사는 사람이다. 이 여인만 아니라 우리나라 초대교회는 성경을 배운 대로, 말씀에서 들은 대로 살았다. 그들은 성화의 삶을 살았고 이런 성도들 덕분에 기독교가 아시아에서는 유일하게 대한민국에서만 부흥할 수 있었다.

요즘 '답게'라는 말이 마음에 와 닿는다. 목사답게! 장로답게! 권사답게! 성도답게! 교회답게! 여기에 나이롱이 앞서면 안 된다. 나이롱 목사답게! 나이롱 장로답게! 혹은 여기에 날라리가 앞서면 안 된다. 날라리 권사답게! 날라리 성도답게! 이러면 한국 교회는 세상을 이기지 못한다.

한국 교회가 사는 길은 하나다. 답게 살아야 한다. 생활 기독교가 되어야 한다. 생활이 예배가 되고 삶이 전도가 되어야 한다. 삶에서 성화가 무르익어야 한다. 그래야 교회다운 교회, 성도다운 성도다.

확장되는 성화 영성

우리가 하나님의 백성이 되는 것이 '구원'이다. 하나님의 백성으로 살아내는 것은 '성화'다. 하나님의 백성이 되는 것과 하나님의 백성으로서 사는 것은 다르다. 교인이 되는 것과 교인으로 살아가는 것이 다른 것과 마찬가지다.

교회는 구원받은 하나님의 자녀들이 성화를 이루어 가는 영성학교다. 교회가 성화를 이루고 세상을 정화시키는 영성의 장소가 되어야 하는데 한국 교회는 이게 약하다.

성화, 호수에 산이 들어오는 것

영성(靈性, spirituality)은, 예수님을 믿고 거듭난 자에게 생성되는 영적 성질이다. 성령의 열매(사랑, 희락, 화평, 오래 참음, 자비, 양선, 충성, 온유, 절제 등)는 영적 성품의 열매이지 영성 자체, 즉 그 뿌리는 아니다. 영성은 내 성품에 '하나님'과 '내'가 겹쳐지는 부분이다.

이렇게 비유해 보면 어떨까. 단풍이 지는 계절에 산이 병풍처럼 둘러 있는 호수에 갔더니 앞산 뒷산이 호수 안으로 들어와 있다. 호수와 산은 별개이지만 호수가 맑으면 산을 품는다. 산은 호수 속으로 들어오고 호수는 단풍이 물든 아름다운 산을 담아낸다. 호수는 호수대로 신비하고, 산은 산대로 신비하다.

신앙 연륜에 관계없이 마음이 맑지 못하면 하나님을 내 속에 드리우지 못한다. 오염된 번영신학의 하나님만을 보여 줄 뿐이다. 그래서 욕을 먹는 것이다. 심성이 신앙심으로 맑아 하나님을 느끼고 내 안에 드리워진 하나님을 보여 주면 그 맑음이 영성이요 성화다.

초대교회는 이런 영성 수준, 성화지수가 높았고 그래서 교회다움, 신자다움이 있었다. 누가 들어와도 교회의 본질을 희생시키지 않았다. 교회는 변질되지 않았고 입교자들은 변화되었다. 맑은 영성의 호수이기에 세상은 교회에 내려앉은 큰 산 하나님을 보았다.

위로 향하는 성화 영성

성화 영성은 하나님께로 자라는 영성이다. 내 안에 하나님과 겹쳐지는 영성이 맑아지도록 거룩한 영성을 향해 위로 올라가야 한다. 내 안에 하나님의 생기, 하나님의 성품이 얼마나 있느냐에 따라 영성지수, 성화의 분량이 달라진다.

초대교회에서 최고의 성화를 보인 이는 사도들이 아니라 뜻밖에도 집사 스데반이다. 누가는 스데반이 순교 직전에 보여 준 얼굴이 '천사의 얼굴' 같았다(행 6:15)고 전한다. 누가는 천사의 얼굴을 본 적이 있을까? 당연히 보지 못했을 것이다. 그럼에도 스데반의 모습을 천사의 얼굴로 비유한 것은 스데반의 얼굴이 사실은 하나님의 얼굴 같았다는 의미다. 누가가 진짜 하고 싶었던 말은 순교 직전 스데반의 얼굴이 하나님의 얼굴과 같았다는 의미일 것이다.

스데반은 지금 상급을 받고 명예를 받는 빛나는 자리에 있지 않다. 박해를 받아 순교 직전에 있다. 이런 험한 자리에서 그는 천사의 얼굴을 하고 있다.

> 성령 충만하여 하늘을 우러러 주목하여 하나님의 영광과 및 예수께서 하나님 우편에 서신 것을 보고 행 7:55

하나님을 보니까 하나님의 영광이 얼굴에 들어와 천사의 얼굴, 즉 하나님의 얼굴로 빛났다는 것이다. 스데반은 하나님 우편에 서신 예수님을 보니 그 마음에 예수님의 인격 영성이 드리워져 "이 죄를 그들에게 돌리지 마옵소서"(행 7:60)라고 성화의 기도를 드렸다.

이 기도는 사람이 드릴 만한 기도가 아니다. 사람으로는 이런 기도, 이런 용서, 이런 얼굴을 할 수가 없다. 성령 충만했다는 것은 하나님의 영으로 충만했다는 것이고 하나님으로 영성의 분량이 채워졌다는 것이다. 맑은 마음에 하나님의 거룩함이 들어와 빛나는 성화 얼굴이 된 것이다.

크리스천이 성화되려면 위로 삼위일체 하나님을 바라보고 그 얼굴을 구하며 그 은혜를 갈망해야 한다. 30년을 믿으면서 10년 믿은 도사만큼도 성화 영성이 되지 못하고 능력이 드러나지 않음은 몸은 예배당에 있고 신분은 교인인데, 바라보기는 세상이고 뜻은 세속을 향하는 까닭이다. 그러니 스데반의 얼굴이 아니라 스데반을 향해 돌을 던지던 유대 종교인들의 얼굴이 나오는 것이 아닌가.

초대교회는 모일 때마다 애찬과 성찬(행 2:42)을 통해 나를 위해 십자가에서 대속해 죽으시고 부활하여 의인의 신분을 획득하게 해주신 예수님을 찬양했다. 그러면서 인내하고 용서하며 누구도 무시하지 않고 대접하던 예수님의 인격을 그들 안에 담아냈다. 이런 성화 공동체에서 스데반이 나오고 그 입에서 '저들을 용서하소서'라는 성화의 기도가 나온 것이다. 스데반은 되는데 우리는 왜 안 되는 것일까?

안으로 향하는 인격 성화

인격 성화는 내 안으로 뿌리를 내리는 성화 영성이다. 영성은 하늘로만 올라가서는 안 된다. 하나님은 인간을 창조하실 때 아담의 몸에 생기를 불어넣으셨다. 아담은 지성과 영성으로 계속 생명과를 따먹으며 하나님의 영성을 확장시켜야 했지만, 선악과를 따먹음으로써 영성 탯줄이 끊어지고 말았다. 육신으로는 살아 있지만 영으로는 죽은 존재가 된 것이다.

죽은 존재는 하나님이 아버지가 아니라 두려움의 대상일 수밖에 없다. 하나님과 교제할 수 있는 영성이 없거나 미약하기에 감당할 수 없는 것이다. 그래서 아담은 숨었다. 그는 영성이 아니라 흙의 본성이 된 것이다. 그런 우리를 위해 예수님이 십자가에서

죽으셔서 하나님의 성품에 탯줄을 이어 주셨다. 그 결과를 베드로
는 이렇게 말한다.

> 너희가 … 썩어질 것을 피하여 신성한 성품에 참여하는 자가 되게 하려 하셨느
> 니라 **벧후 1:4**

'신성한 성품에 참여한 자'를 개역한글은 '신의 성품에 참여한
자가 되었다'고 하고 메시지 성경은 '하나님의 생명에 참여할 입
장권'을 받았다고 번역한다. 종합하면, 우리는 예수님을 통해 하나
님의 속성과 재연결되었다는 의미다. 하나님의 성품, 거룩한 영성
에 참여했으면 성화 영역이 자라야 하고 성화의 열매를 맺어야 한
다. 성령의 아홉 가지 열매는 결국 성화 열매의 다른 이름이다.

성령 성화의 열매를 얻으려면 내 안의 영성을 키워야 한다. 예
수님을 믿을 때 내 안에 하나님의 영성이 있다. 내 안에 들어와 있
는 하나님의 영성이 성화 열매를 맺으려면 내 안의 성화 분량이
어느 정도인가 매일 살피는 자기 성찰이 있어야 한다.

성경에는 내 안으로 향하는 성화 영성과 관련해 두 인물이 나
온다. 바리새인과 세리다. 두 사람이 기도하러 성전에 올랐다. 이
때 바리새인은 남들과 따로 서서 기도하면서 스스로 의인이라고
자처한다. 기도도 남들이 들으라고 한다.

> 나는 다른 사람들 곧 토색, 불의, 간음을 하는 자들과 같지 아니하고 이 세리와도
> 같지 아니함을 감사하나이다 나는 이레에 두 번씩 금식하고 또 소득의 십일조를
> 드리나이다 **눅 18:11-12**

반면에 세리는 멀리 서서 감히 눈을 들어 하늘을 쳐다보지도

못하고 다만 가슴을 치며 탄식한다.

> 하나님이여 불쌍히 여기소서 나는 죄인이로소이다 눅 18:13

그러나 예수님의 판결은 그들의 주장과 사뭇 달랐다.

> 저 바리새인이 아니고 이 사람이 의롭다 하심을 받고 그의 집으로 내려갔느니
> 라 무릇 자기를 높이는 자는 낮아지고 자기를 낮추는 자는 높아지리라 하시니
> 라 눅 18:14

바리새인은 타인을 의식해 자기를 과시하기에 바빴다. 그의 마음은 세속으로 가득 차서 하나님을 담아낼 수가 없다. 거짓 영성이요 위장된 성화다. 반면에 부끄러운 인생이 되어 버린 세리는 하늘을 제대로 우러러보지도 못하고 그저 가슴을 치며 "나는 죄인이로소이다"라는 말만 되풀이한다. 내면의 죄가 하늘을 우러러보지도 못하게 했으나, 그 절절한 탄식이 심령에 영성의 호수를 이루어 주님을 담아낼 수 있었다. 예수님은 이 영성에 주목하셨다.

우리 시대의 영성가 필립 얀시(Philip Yancey)는 자기 내부를 들여다본 뒤 책 한 권을 쓴다. 《아, 내 안에 하나님이 없다》가 그것이다. 없어서 없는 것이 아니다. 항상 입만 열면 하나님을 달고 살았는데 정작 하나님의 마음을 드러내야 할 때는 내 안에 하나님이 없더라는 탄식이다. 내 안에 하나님이 없다고 우는 이들은 없는 것이 아니다. 누구보다도 하나님이 크지만 하나님의 분량을 더 크게 키워 내지 못하는 자신을 늘 죄송해할 따름이다. 그들은 자신의 자아 때문에 하나님을 드러내지 못하는 순간들을 부끄러워한다. 정작 그 안에 하나님의 영향력이 없는 이들이 자기를 드러내

는 일에 하나님의 이름을 들먹인다. 종교적 직분을 계급 삼아 영성의 사람으로 허장성세를 부린다.

그건 위장이다. 위장된 영성은 오래가지 못한다. 평소에는 영성의 기도, 영성의 예배, 영성의 신자로 보이는데 이해관계가 생기면 발끈한다. 누군가 자존심을 건드리면 자기 정체의 근원을 드러낸다. 근원이라고 해야 뭐가 있겠는가. 구정물이다.

내 안에서 성화 영성을 찾아야 한다. 영성을 누르는 자갈, 잡초를 캐내야 한다. 그래야 영성이 자라 하나님의 성품이 되고 성화 열매가 나타난다. 처절하게 자기의 의(義)와 싸워야 어느 날 웃는 세리들을 거울 속의 내 안에서 만날 수 있다. 내 안에 들어와 있는 하나님으로 충만해질 것이다. 그것이 바로 인격에 스며드는 성화 영성이다.

옆으로 향하는 생활 영성

중세교회사에서 영성가, 혹은 성화의 모델이라면 사막에서 은둔 생활을 했던 사막 교부들이 있다. 사도의 제자들을 속사도, 속사도의 제자들을 교부라 부른다. 그러니까 교부는 사도의 손자뻘이다. 교부는 교회의 아버지로, 성화 영성이 깊었다. 인격 영성도 깊었다. 사막의 성화 영성, 인격 영성은 금식과 침묵과 노동이다.

사막 교부들은 평생 이런 일과를 반복한다. 잡음이 없는 사막에서 수도하고 수련해서 맑은 영성을 유지한다. 탐욕도 탐심도 거짓

도 이기심도 없는 그야말로 천심, 즉 하늘의 마음을 소유한다. 죄
와는 접촉하지 않는 맑은 영성의 소유자들이다. 사람들은 이들을
교부, 교회의 아버지, 스승이라 했고 세상은 현자라 칭했다. 사람
들이 사막의 스승을 찾아가 자기 문제를 토로하면 그들은 설교하
는 대신 맑은 눈으로 방문객을 바라보다 한마디했다.

"십자가를 바라보십시오!"

십자가, 그 한마디에 사막 순례자들은 위로를 받고 해결책을 얻
었다. 이것이 성화 영성의 힘이다. 고요한 힘, 깨끗한 힘의 능력이
다. 성화 영성은 이런 영적인 파워가 있다. 그러나 안타깝게도 사
막의 성화 영성은 맥이 끊기고 말았다. 중세시대에 엄청난 영향력
을 행사하던 교부들과 수도원 운동은 사라지고 지금은 기록으로
만 존재한다. 맑고 깨끗한 영성으로 한때는 세상의 스승이고 현자
들이던 그들이 왜 사라져 버렸을까? 더 큰 영성을 만들어 내야 하
지 않았을까?

사막 교부들은 개인의 영성은 우수했다. 하나님께로 올라가는
영성, 내부를 성찰하는 안으로의 영성은 훌륭했는데 아쉽게도 밖
으로 뻗어 나가는 영성이 없었다. 스스로 격리되어 세상과 분리된
삶을 살았다. 생활을 통해 안팎으로 영역을 확장시키고 전승하는
생활 영성이 없었다. 개인의 영성과 성화에만 몰입하다가 생활 영
성을 놓쳐 버린 것이다.

주님은 너희는 사막의 빛이라 하지 않고 세상의 빛이라 하셨다
(마 5:14). 세상에서 영성의 빛을 비추어야 하는데 성화 영성을 사막

이라는 됫박 안에 숨기고 자기들만 나누어 가졌다. 자기만족의 성화 영성이다. 그런 까닭에 성화 영성이 자기 세대에서 끝났고 그렇게 성화 영성과 단절되고 말았다. 참으로 아쉬운 일이다.

옆으로의 성화 영성을 보여 준 인물은 뜻밖에도 세속적인 인물인 삭개오다. 삭개오는 탐심과 탐욕의 아이콘이다. 영성은 5%도 없는 속물 인간이다. 그런 그가 하늘 영성 예수님을 만나 집으로 모신다. 혼탁했던 삭개오의 마음 저수지에 예수님의 영성이 들어오자 마음이 맑아지고 그곳에 성화 영성이 만들어지면서 밖으로 흘러나오게 되었다. 재산을 팔아 토색한 자들에게 나눠 준 것이다. 생활 영성이다.

초대교회의 나눔은 삭개오에서 비롯되었다고 할 수 있다. 기독교 전승에 의하면, 삭개오가 훗날 감독이 되었고 초대교회 지도자가 되었다고 한다. 이런 지도자의 생활 영성이 초대교회로 하여금 '모든 물건을 서로 통용하고…', '또 재산과 소유를 팔아 각 사람의 필요를 따라 나눠 주는' 아름다운 나눔의 영성을 만들어 내지 않았을까 추측해 본다.

우리가 성화 영성을 키우려면 삼위일체처럼 하나님과 나와 너, 세 방향의 영성이 균형을 이루는 생활 영성이 되어야 한다. 그래야 교회다운 교회가 될 수 있다.

윌리엄 제임스(William James)는 "종교는 무딘 습관으로 존재하는 것이 아니라 날카로운 열정으로 존재한다"고 했다. 날카로운 열정은 깨끗한 영성, 맑은 성화로 이해해도 좋을 것이다. 이런 열정은 이웃들과 네트워크될 때 시너지가 일어난다. 남들에게 불을 붙여 주면서 그 불로 내 장작이 더욱 찬란하게 불타오른다. 이것이 성화(聖火)로 타오르는 성화(聖化) 믿음이다.

한국 교회는 성화 영성으로 나가야 한다. 성화 영성은 인격에 스며들어 인품으로 드러나야 한다. 남들이 알지 못하는 숨어 있는 성화는 영향력이 없다. 생활 성화로 나와야 빛과 소금이 된다. 그러기 위해 믿음의 양성소가 되는 예배당을 성화의 장소로 탈바꿈시켜야 한다. 사막 교부들처럼 침묵과 금식과 노동하는 영성의 장소는 아니어도 하나님과 내 육신이 겹쳐져 하나님이 내 안에 붉은 단풍의 산으로 내려앉는 성화 영성의 호수가 되어야 한다.

교회 안에서 남의 말 좋게 해주기, 뒷담화하지 않기, 성질내지 않기, 내 것만 챙기지 않기, 무례하지 않기, 고요히 하나님의 눈으로 내 안을 들여다보기, 목회자들 흉보지 않기 등 이런 생활 신앙이 성화 영성을 넓게 확장시킨다. 이와 동시에 하늘 영성으로 올라가면 그만큼 맑은 영성이 되고 이웃을 섬기면 존경받는 생활 영성이 된다. 그리고 어느 날 감격에 차서 외치게 된다.

"아, 내 안에 하나님이 계시다!"

성화는 부전승이 아니라 전승이다

'어음'은 일정한 시기에 일정한 장소에서 일정한 금액을 지불하겠다고 약속하는 유가증권이다. 발행인 자신이 지급을 보증하는 약속이기에 '약속 어음'이다. 어음은 정한 날에 현찰로 지급될 때 그 액수를 인정받는다. 그러나 어음 발행인이 정한 날짜에 약속한 액수를 지급하지 못하면 그건 부도어음이다. 그러면 발행인은 신용이 떨어져서 그가 발행한 어음은 더 이상 인정받지 못한다.

이 어음은 성화를 설명하는 좋은 비유가 된다. 성화가 머리에서만 받아들이고 끝나 버리면 성화를 맺겠다고 약속한 성화 어음에 해당한다. 물론 성화 어음은 생활 성화를 설명하기 위해 만든 말에 불과하다.

약속어음 성화와 환어음 성화

한국 교회는 수없이 많은 성화 어음들을 발행하고 있다. 아니 남발한다. 설교자들은 강단에서, 신자들은 설교를 들으면서, 기도

하면서 더 열심히 믿음 생활을 하겠다고 단단히 다짐한다. 그렇게 발행된 성화 어음들이 제 날짜에 생활 성화로 현찰화되고 있는가? 성화 어음들이 현찰화되었다면 한국 교회는 일찌감치 성화 공동체가 되어 하나님의 영광을 세상에 보여 주었을 것이다. 그러나 현실은 익히 아는 바다. 장로가 권총으로 살해를 하지 않나, 목사들이 칼부림을 하지 않나, 예배당에 비밀금고를 만들지 않나, 목회자가 몰카를 촬영하지 않나, 한국 교회는 요지경이 되었다.

성화 어음이 왜 제대로 약속을 지키지 못하고 부도 처리되고 마는가? 여기에 또 하나의 어음이 있다. 제3자에게 지급을 위탁하는 '환어음'이다. 환어음은 어음 작성자가 제3자에 대하여 어음에 기재된 금액을 기한 내에 권리자에게 지급할 것을 무조건으로 위탁하는 증권이다.

다음은 어느 책에서 읽은 이야기다.

한 청년이 예배에서 은혜를 받아 좋아하던 술을 끊고 성화된 삶을 살기로 작심하고 하나님의 도움을 요청했다.
"하나님! 성화의 삶을 살겠습니다. 술친구들과 멀리하겠습니다! 제발 내일 사무실로 술친구가 전화 못 오게 막아 주세요! 술친구가 전화만 오지 않는다면 내일 술을 마시지 않겠습니다."
은혜로 충만해서 간절히 기도하고 출근했는데 기도 응답이 되었는지 종일 술친구에게서 전화가 오지 않았다. 기분 좋게 퇴근하려는데 전화가 왔다. 핸드폰에 뜬 번호에 기도한다.

"신호가 열 번 전에 끊기게 해주세요!"

전화는 계속 울렸다. 사람들이 왜 전화를 받지 않느냐고 눈총을 주기에 받으면서 기도했다.

"하나님, 술친구가 제발 오늘은 다른 일로 전화하게 해주세요."

하지만 역시나 술 한 잔 하자는 전화였다. 얼결에 약속을 하고는 술집으로 이동하면서 또 기도했다.

"하나님! 제발 술집이 휴업이게 해주세요! 사장이 개인 사정이든 어떻든 하루 문을 닫게 해주세요!"

술집은 성업이고 술친구는 반갑게 맞이한다. 젊은이는 술잔을 들고 기도한다.

"하나님! 속에서 술이 받지 않도록 해주세요. 술이 들어가거든 토하게 해주세요!"

그렇게 기도했건만 그날따라 술맛은 왜 그리 좋은지 다른 날보다 훨씬 더 많이 마셨다. 코가 비뚤어지게 마시고 집으로 돌아오면서 젊은이는 하늘을 향해 하나님 탓을 한다.

"하나님이 도와주시지 않는다면 내가 어떻게 하란 말입니까?"

제 입으로 성화의 삶을 살겠다고 어음 성화를 발행했으면 치열한 실천으로 현찰화해야 하는데, 젊은이는 아무런 싸움도 하지 않고 성화 사역을 하나님께 몽땅 맡겨 버렸다. 제3자에게 지급을 위탁하는 '환어음' 성화를 계속 발행하는 것이다.

구원은 내가 일점일획도 보탤 수 없는 전적인 하나님의 영역이다. 그러나 성화는 하나님과 나의 공동 사역이다. 이때 주도권은 구원받은 우리 자신에게 있다. 내 의지로 싸우고 포기하고 희생하고 술친구를 끊어야 하는 것이다. 그럴 때 하나님은 우리 편이 되어 우리를 도우신다. 하지만 자신은 아무것도 하지 않으면서 입으로만 '도와주소서' 하면 하나님도 외면하신다. 성화는 부전승이 아니라 전승이며, 자기와의 싸움이다.

성화의 수단

하나님은 모든 면에서 능하신 분으로 구원을 이루는 모든 과정을 100% 혼자 하신다. 예수님이 죽은 나사로를 그와 협력해서 살려 내신 것이 아니다. 나사로는 아무것도 하지 않았다. 그저 살려 주시니까 살아났을 뿐이다. 그러나 살아난 이후의 성화는 오롯이 나사로의 몫이다.

하나님은 모든 것을 일방적으로 처리해 나가실 수 있는 분이다. 그러나 성화만큼은 인간의 영역으로 남겨 놓으셨다. 그렇지 않으면 인간은 로봇에 불과하고, 인간의 성화는 기계적인 성화가 된다. 그런 성화에 무슨 진실이 있고 눈물의 헌신이 있겠는가. 하나님은 백성들의 성화를 위해 몇 가지 방편(수단)을 활용하신다.

첫째, 말씀이다(벧전 1:22). 말씀을 순종할수록 거룩해진다. 하나님의 말씀은 우리의 행동을 향상시켜 나간다. 더욱이 말씀은 진리이기에 그 말씀은 우리 영혼을 맑은 물로 씻어 준다. 야고보 사도는 '말씀이 거울의 역할을 한다'(약 1:23)고 했다. 거울은 우리 모습을 보게 해서 꾸미게 하고, 티를 씻게 한다. 말씀을 보고 더러움을 씻지 못하는 자는 거울을 통해 티를 보았으면서도 그냥 내버려 두는 사람이다. 말씀은 많이 읽을수록 들을수록 실천할수록 몸과 마음이 맑아지고 깨끗해진다. 이것이 성화다.

지금은 성경이 성화의 수단이 되지 못하고 있다. 읽지 않는 것이 문제요, 읽어도 지켜 낼 생각이 없는 것이 더 큰 문제다. 성경은 읽으라고 주신 것이 아니요 들으라고 주신 것이요, 듣기만 하라고 주신 것이 아니라 들었으면 들은 대로 살라고 주신 것이다. 그래서 성경을 본문으로 하는 설교는 이해를 구하는 것이 아니라 선포요 명령이다. 성경은 수많은 사람들을 변화시키고 구원의 길에 이르게 했을 뿐만 아니라 성화를 이끌었고 도왔다. 성경 없이는 진정한 성화가 일어날 수 없다.

기독교 2천 년 역사에서 최고의 신학자로 꼽히는 어거스틴은 젊은 시절 방탕한 세월을 보냈다. 독실한 어머니를 떠나 마니교를 신봉하고 20세도 안 된 나이에 혼전 임신을 시켰다. 방황과 방탕으로 지내던 어느 날 아이들이 놀면서 "들쳐 보아라! 들쳐 보아라!" 하는 소리를 듣고 방에 들어와 펼쳐진 구절을 읽었다.

낮에와 같이 단정히 행하고 방탕하거나 술 취하지 말며 음란하거나 호색하지 말며 다투거나 시기하지 말고 오직 주 예수 그리스도로 옷 입고 정욕을 위하여 육신의 일을 도모하지 말라 **롬 13:13-14**

어거스틴은 이 말씀을 읽고 즉시 회심했다. 그는 훗날 "신앙의

2부 왜 신앙이 공회전 되는가? **77**

빛이 내 마음에 홍수처럼 밀려 들어와 모든 의심의 어두움을 몰아내는 것 같았다"고 술회했다. 말씀의 능력이 그를 회심하게 만든 것이다. 어거스틴은 모태 신앙이고 믿음을 깊이 체험했기에 치열한 회개와 함께 하루가 다르게 성장하고 성화되어 갔다. 회심한 후, 길을 가는데 같이 놀던 여인들이 불렀다.

"어거스틴! 어거스틴! 놀다 가요!"

이때 어거스틴은 정색을 하며 이렇게 말했다.

"당신이 찾고 있는 게 옛 어거스틴이오 새로 거듭난 어거스틴이오? 옛 어거스틴을 찾는다면 그는 이미 죽었소!"

성경 말씀이 그를 구원했고 말씀으로 날마다 성화를 이루어 갔다. 그래서 죄인이 성자가 된다고 한 것이다. 이처럼 성경 말씀은 성화에서 최고의 수단이다.

둘째, 기도다(딤전 4:5). 거룩을 위한 도움을 구하고 결단하며 참회하는 기도는 심령을 거룩으로 이끈다. 우리는 "거룩하게 하옵소서" 하는 기도를 많이 드려야 한다. 거룩한 기도가 거룩한 생활을 이끌기 때문이다. 히브리인에게 '기도드린다'는 것은 '자신을 저울에 달아 본다'는 의미다. 아침에는 하나님 앞에 정직한 삶을 부탁하고, 저녁에는 하루 종일 내 행위가 얼마나 옳았는가, 얼마나 정직했는가, 하나님의 저울에 달아 보는 것이 기도인 것이다.

유대인들은 하루 세 번 기도했다(시 55:17). 그들은 기도한 만큼 정직했다. 유대인들의 기도가 유대인들을 정직하게 만든 것이다. 정직함은 성화의 영역에서 상당히 중요하다. 정직하지 않으면 결코 성화될 수 없다. 정직을 위한 기도가 성화를 이루어 낸다.

다윗의 성화는 참회 기도로 시작된다. 밧세바와의 관계에서 죄를 짓고 우울증에 걸릴 지경이던 다윗을 나단 선지자가 찾아와 책망하자, 다윗은 변명하지 않고 그 자리에 엎드려 "주의 얼굴을 내 죄에서 돌이키시고 내 모든 죄악을 지워 주소서 하나님이여 내 속에 정한 마음을 창조하시고 내 안에 정직한 영을 새롭게 하소서"(시 51:9-10)라고 울며 기도했다. 정직하게 죄를 자인하는 기도가 다윗을 죄의 오염에서 벗어나게 했다.

셋째, 성례다. 성례는 세례와 성찬이다. 세례는 그리스도와 함께 죄에 대하여 죽고 새 생명으로 다시 태어나는 그리스도와의 연합을 상징한다(갈 3:26-27). 기독교에 입교하는 공식적인 인증 의식이다. 성찬은 그리스도의 죽음과 희생을 생각하며 거기에 동참하려는 마음을 불러일으킨다. 그러므로 일회적인 세례를 통해 거룩의 씨가 뿌려지고 계속적인 성찬으로 거룩은 성장한다. 결국 세례와 성찬의 중심은 십자가다. 십자가에 못 박아 성화의 뿌리가 생기고 매일 십자가에 육신의 정욕과 욕심을 못 박는 자기 해체를 통해 성화가 꽃피운다.

젊은 신자가 나이 지긋한 할아버지 성도에게 물었다.

"어르신, 십자가에 못 박힌다는 것은 무슨 뜻입니까?"

어르신은 잠시 생각하더니 그 의미를 설명해 주었다.

"그건 두 가지를 의미한다네. 우선, 십자가에 못 박힌 사람은 오직

한 방향만 향하게 되지.”

노인의 말을 곰곰이 묵상하던 젊은이가 다시 여쭈었다.

“십자가에 못 박힌다는 두 번째 의미는 무엇입니까?”

어르신이 대답한다.

“그건, 십자가에 달린 사람은 이미 다시 돌아올 수 없다는 뜻이라네.”

그리스도의 십자가로 구원을 받고 성화로 나아가려면 한 방향을 보아야 한다. 일보다 더 중요한 것, 그것이 성화다. 성화에 대해 관심을 기울이면 모든 문제들, 인간관계, 죄악에 관계된 것들이 저절로 해결되고 극복될 수 있다. 또한 일단 십자가에 올라가면 살아서 내려올 수 없다. 십자가에 달리려 집을 나서면서 아내에게 “오후 5시쯤에는 돌아올 수 있겠소!” 하고 말할 수 없다. 십자가에 죽기 위해 집을 나서는 사람은 영원한 작별을 고해야 한다. “여보, 잘 있구려!” 마지막 말이다. 그걸로 끝난다.

예수님을 믿는다는 것은 세상과의 작별이다. 익숙한 것들과의 고별이다. 대인관계나 여가선용의 취미들이 ‘익숙한 것’에 포함된다. 그 익숙한 것들과 제대로 작별할수록 성화의 영역은 내 안에서 광역화된다. 익숙한 것들을 잘라 내고 버리는 것, 성찬 예식에서 그 힘을 받는다.

이처럼 말씀과 기도와 성찬은 내면적으로 성화를 돕는다. 그러나 이것들로도 아직 모자라다. 말씀과 기도와 성찬에만 한정시키면 계속 지적해 온 것처럼 신학적인 성화, 머리에서만 이루어지는 관념 성화가 되고 만다. 관념 성화는 주변에 성화된 크리스천의 모습을 보여 주지 못한다. 말로만 종교적 언어를 사용할 뿐 삶이 따라 주지 못한다면 위선자로밖에 보이지 않는다. 진실된 크리스천은 삶에서 성화가 드러나야 한다.

그러므로 성화를 위한 수단인 말씀과 기도와 성찬은 성령의 역사가 주도적인 역할을 해야 완성된 모습을 가질 수 있다. 청교도 신학자 존 라일(John Charles Ryle)은 그의 책,《거룩》에서 "성화는 신자로 부르심을 받은 사람 안에 역사하신 성령님이 하시는 일이다. 성령님은 신자들의 죄악을 깨닫게 하신다"라고 말한다. 성령의 강권적인 역사가 아니라 스스로의 힘으로만 성화로 나아가려는 것은 부질없는 짓이다.

사람들은 역경을 딛고 일어난 사람들을 초청해 그들의 간증을 들으며 눈물을 흘리고 은혜를 받으면 그것이 성화인 줄로 안다. 그러나 그것은 일시적인 감정일 뿐이다. 진정한 은혜가 되고 성화로 나아가려면 자기희생, 자기 부인, 생명을 건 복종이 있어야 한다. 그래야 우리의 고질적인 육체 속에서 점진적이나마 거룩한 성화가 나타난다. 김남준 목사는 그의 책《게으름》에서 '게으름은 그릇된 자기 사랑'이라고 했다. 이 게으름이 인간의 성화를 가로막거나 지연시킨다. 게으름이라는 그릇된 자기 사랑은 희생을, 순종을, 자기 부인을 가로막는다. 그러니 성화가 더딜 수밖에 없다. 말씀과 기도와 성찬을 기본으로 자기 해체의 길을 계속 갈 때 우리 안에 성화가 자라게 된다.

3부

무례한 가짜여,
진짜를 살라

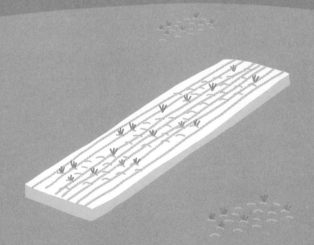

성화와 성격, 관계있을까?

야곱 장로, 야곱 집사는 험악한 객지 생활을 하면서 무수한 시련과 역경을 겪었음에도 왜 그토록 성화가 굼벵이처럼 더뎠던 것일까? 야곱이 노년이 되어서야 성화될 수 있었던 이유는 야곱 자신에게 있다. 성격 때문이다. 아집으로 똘똘 뭉친 그의 성격 때문에 성화가 힘들었다.

성격은 쉽게 변하지 않는다

《위대한 나의 발견: 강점혁명》의 저자 도널드 클리프턴(Donald Clifton)과 톰 래스(Tom Rath)는 뉴질랜드에서 1000명의 아동을 23년 동안 관찰한 결과 3세에 관찰된 성격이 26세의 성인이 된 뒤의 성격과 놀랍도록 유사하다는 것을 알아냈다. 성격은 심리적인 뼈와 같아서 거의 바뀌지 않는다. 어린 시절의 성격은 어른이 되어서도 거의 같다. "세 살 적 버릇 여든 간다"는 속담이 있다. 어릴 때 몸에 밴 버릇은 늙어 죽을 때까지 고치기 힘들다는 뜻으로 성품은 쉽게 바뀌지 않음을 나타내는 말이다.

성화의 일차적 영역은 성격인데 성격이 제대로 바뀌지 않으면 성화 역시 제대로 나타나지 않게 된다. 그래서 믿음이 적어도 성격이 좋으면 자연스럽게 성화가 되고 성격이 강하면 믿음이 좋아도 그만큼 고난을 겪게 된다. 물론 성격이 강한 이들은 어느 단계에 이르면 성화에 가속도가 붙어 강하게 일어난다.

야곱은 한 성질 하는 사람이다. 결코 고분고분하지 않거니와 2등은 성에 차지도 않는다. 자존심 구기느니 그 자리에서 혀를 깨물고 죽을 사람이다. 라헬을 얻기 위해 7년을 수고하는 그 무서운 집념을 보라. 하지만 이런 성격이 그의 성화를 도운 것이 아니라 오히려 성화에 큰 걸림돌이 되었다.

야곱은 양친의 좋은 성격과 좋지 않은 성격을 동시에 물려받았다. 아버지 이삭은 온유한 평화주의자다. 지역 주민과 다투는 일이 없을 만큼 인간성이 좋다. 그렇지만 그는 성화된 사람이었을까? 그는 그냥 '좋은' 사람이었다. 성화를 이루려는 치열함 없이 그저 행복하게 먹고 살면 그만인 사람이었다. 종교심은 있지만 종교적 열정은 없었다. 오스왈드 샌더스(Oswald Sanders)는《당신도 하나님이 쓰신 성경인물과 같이 될 수 있다》에서 이삭에 대해 이렇게 평한다.

"이삭은 위대한 아버지와 정도를 벗어나긴 했지만 빼어난 아들 야곱 때문에 왜소화된 불운한 사람이다. 그러한 불행으로 인해 이삭의 성격은 상처를 입었다. 이삭은 지도자라기보다는 추종자가 되었다. 그는 아버지의 지도 아래 40년을 살았기 때문에 성숙한 개인으로 살아가는 데 필요한 완전히 독립된 인격을 개발하지 못했다. 아버지가 위대하였다는 바로 그 요인 때문에 이삭의 성장은 부진하였고 조금은 개성이 없는 성격이 되었다. 우리는 잠시도 경건한 부모의 영향력을 과소평가할 수 없다. 그러나 부모님이 아무리 고상해도 우리 모두는 각자 자기의 대적과 약점에 직면해야 하고 싸워야 한다."

성화가 느린 이삭의 약점은 바로 그 좋다는 인간성에 있다. 이삭에게는 뜨거운 영적 열정이 보이지 않는다. 장자의 명분이 얼마나 대단한가? 그러면 정신 바짝 차리고 언약 계승권이 있는 장남에게 제대로 물려주어야 했다. 에서에게 장자 축복권이 얼마나 소중한 것임을 교육시켜야 했던 것이다. 죽 한 그릇에는 팔지 못하게 단단히 '단속'했어야 했다.

이삭은 자기 주도적 삶을 살지 못했다. 모리아산에서 제물이 되라는 아버지의 말씀에 순종하는 이삭에게선 의연한 모습을 볼 수 있다. 그는 그로써 예수님의 순종의 예표가 되었다. 그러나 그 순종에서 목숨을 건 사람은 이삭인데 칭찬은 아버지가 듣는다(창 22:12). 결혼 문제에서도 피동적이다. 결혼은 자신의 문제다. 그럼에도 아버지가 신붓감을 구해 주니 가타부타 없이 그냥 받아들인다. 이삭은 왜 이렇게 수동적일까. 아버지에게 너무 눌린 것일까. 《행복의 조건》에 인용된 에릭 에머슨(Eric Emerson)의 말이 해답이 될 듯도 하다.

"아버지의 위대한 성공에 기가 눌린 그 남자는 자기 인생에서 굉장
한 성공을 거두었음에도 불구하고 여전히 패배감을 떨치지 못했다."

이삭의 기질은 에서에게 대물림된다. 에서 역시 관대하고 활달
하다. 익숙한 사냥꾼이다. 익숙하다는 것은 실력이 있는 능력남이
라는 뜻이다. 그러나 영적인 것에는 관심도 욕심도 없다. 언약엔
관심이 없고 세상 물에서 먹고 놀고 활개치고 다니는 한량이다.
그러니 성화가 안 된다.

에서는 사람은 좋은데 그 활달함 때문에 성화가 안 되는 사람
이다. 성화는 저절로 이루어지는 것이 아니기 때문에 치열하게 자
기 성격을 깎고 다듬지 않으면 결코 일어나지 못하는데 이삭과 에
서에게는 그런 치열함이 결여되어 있다. 그래서 그들에게는 적극
적인 성화가 보이지 않는다.

가계에 흐르는 기질들

야곱은 장막에서 어머니와 자랐다. 그만큼 집 안에 머물며 양
떼를 돌보고 홀로 있는 시간을 즐기는 평온하고 단순한 성격이었
다(창 25:27). 그러나 야곱은 자기애가 강하고 고집도 세고 소유욕
이 강한 남자임에 틀림없다. 타인과 항상 적대관계를 맺는 것으로
보아 까칠하다. 차남의 위치에 만족하지 못하고 형을 경쟁 상대로
삼는 것을 보면 욕심도 많다. 아버지와 형, 친구들과 교제하면서

성품의 변화를 가져와야 하는데, 일찍부터 어머니 리브가의 영향
아래 있다 보니 아버지보다 어머니 쪽의 성격을 많이 이어받았다.

리브가는 남편과 달리 욕심이 많은 여인이다. 아브라함의 종이
먼 길을 찾아와서 이삭의 신붓감으로 리브가를 지목했을 때, 리브
가는 조금도 주저하지 않고 "결혼하겠다"고 대답했다. 가족들이
열흘만 있다 가라고 만류해도 지금 가겠다고 나선다. 그녀가 아브
라함의 3대 축복 언약에 얼마나 욕심이 많았던지 오라비가 야속해
하면서도 축복을 한다.

우리 누이여 너는 천만인의 어머니가 될지어다 창 24:60

리브가는 믿음에 욕심이 많다. 좋은 욕심이다. 이런 욕심은 많을
수록 좋다. 하지만 리브가의 열정에도 약점이 있다. 그녀는 모성애
보다는 자기 꿈을 이루는 데 더 집착한 여인이다. 태중에서 "큰 자
가 어린 자를 섬기리라"는 말을 들었을 때 '어머니'의 심정으로 그
말씀을 받지 않고 아브라함 집안의 '며느리'로 그 말씀을 받았다.

아브라함 집안은 언약의 집안이다. 3대 언약을 이루는 것이 그
집안의 며느리에게 주어진 의무이자 책임이다. 하지만 아내나 어
머니의 입장이라면 남편과 장남을 그렇게 속여서는 안 된다. 쌍둥
이 아들 중에서 차남만을 편애해선 안 된다. 남편을 속이는 일은
남편의 권위를 손상시키는 일이요, 차남을 장남으로 가장해서 축
복을 가로챈 것은 어미로서 할 일이 아니다. 차남이 그런 음모를
꾸민다면 말려야 함이 마땅하다.

그러나 리브가는 언약 축복에 대한 집념이 강했다. 그걸 얻을

수만 있다면 얼마든지 남편을 속이고 큰아들을 희생시킬 수 있었다. 하나님이 이삭의 가문에 허락하신 언약을 이루기 위해 엄청난 후폭풍이 닥쳐올 것을 예견하면서도 망설임 없이 '속임수'라는 카드를 꺼낸다. 아브라함 가문의 여인 중 리브가만이 할 수 있는 승부수다.

리브가가 남자이고 이삭이 여성이었다면 훨씬 이상적인 부부가 되지 않았을까 생각해 본다. 리브가는 너무 강하고 너무 성급하다. 항상 자신이 주도권을 잡아야 한다. 하나님의 응답을 기다리는 쪽이 아니라 내가 응답을 만들어 내야 한다. 일도 열심히 하고 복에도 욕심이 많다. 기도에도 열심이지만 물질에도 욕심이 많다. 한국 교회에도 이런 사람들이 많다. 이런 사람들은 믿음은 굉장한데 성화가 안 된다. 그래서 남들을 헷갈리게 한다.

행복은 성화순이다

야곱은 어머니의 기질을 물려받았고 그 영향권에서 유년 시절을 보낸다. 장막에서 어머니의 가르침을 받고 자라면서 아브라함, 이삭을 잇는 언약 계승자가 되려면 장자 명분을 얻어야 함을 알았고, 그를 위해선 이해 당사자들을 속이는 길밖에 없음을 알았다. 그래서 사기를 친다. 형을 속이고 장자권을 가로채는 데 성공한 것이다. 이후엔 아버지를 상대로 사기를 친다. 야곱은 그로 인해 오래도록 험악한 세월을 보내야 했다.

아버지는 너무 물러서 성화가 안 되고 어머니는 너무 강해서 성화의 모습을 보여 주지 못했다. 야곱은 이런 모습을 본받으면 안 되었다. 어머니의 거룩한 꿈은 본받되 아버지처럼 온유와 화평한 방법으로 그 꿈을 얻어야 했다. 좋은 목적이라면 방법도 좋아야 한다.

무엇보다 하나님이 주실 때까지 기다려야 했다. 형이 제대로 살지 못하면 아버지 선에서 재조정되든지 다른 하나님의 방법이 있었을 것이다. 속임수를 쓰지 않고도 언약을 얻을 길이 있었을 텐데 성급하게 욕심을 내는 어머니의 방법을 배워 버린 것이다. 그 결과, 야곱은 그가 바라던 언약 계승권을 얻는 데는 성공했지만, 이 사기꾼 기질을 씻어 내기 위해 험악한 세월을 보내며 훈련받아야 했다. 끈질긴 성화의 길을 가야 했다.

내가 할 일을 힘을 다해 하면서 성령님의 도움을 구하면 도와주신다. 그러면 성화의 길은 순풍에 돛을 단 것처럼 수월하게 진행될 것이다. 내가 성화되기 시작하면 주변의 모두가 선한 영향을 받고 행복해한다. 이것이 성화의 길이고 하나님이 주신 구원 이후의 미션이다.

'이미' 구원과 '아직' 성화 사이

바울은 로마서 전체에서 구원을 두 과정으로 분류한다. 이미 이루어진 구원과 장차 이루어질 구원, 즉 '이미'(already)와 '아직'(not-yet)이다. 구원은 '이미'에 속한다. 구원은 죽은 후에 결정되는 것이 아니라 예수님을 믿는 그 순간 '이미' 이뤄진다.

많은 사람이 이것에 대해 쉽게 이해하지 못한다. 유대인들의 구원관, 일반 종교의 구원관을 갖고 있기 때문이다. 일반 종교는 '죽어 봐야 안다'고 한다. 마지막 심판대에서 너는 구원이다, 멸망이다가 결정된다는 것이다. 반면 기독교의 구원관은 세상에서 이미 결정된다. 예수님을 믿으면 즉시 구원을 받는다. 예수님을 믿지 않으면 심판대 앞에 나갈 것도 없다. 그는 이미 지옥행 판정을 받은 것이다.

그를 믿는 자는 심판을 받지 아니하는 것이요 믿지 아니하는 자는 하나님의 독생자의 이름을 믿지 아니하므로 벌써 심판을 받은 것이니라 요 3:18

구원이 '이미' 끝났다는 것은 무슨 의미일까? 구원을 받기 위해 덧붙일 것이 없다는 뜻이다. 예수님을 믿는다는 것은 예수님으로 유

일한 구원 방법을 만들어 놓으신 하나님의 구원 계획을 받아들인다
는 뜻이요, 예수님이 나의 구세주가 되신다는 사실을 마음으로 믿는
일이다. 하나님이 원하시는 것은 오직 이것이다. 구원에는 다른 조
건이 없다. 그래서 믿음으로 구원을 얻는다고 말하는 것이다.

구원은 '이미' 끝났다

우리가 이런 믿음을 가지면 구원은 '이미' 이루어진 과거사다.
우리가 만일 '아직 구원은 이루어지지 않았다, 좀 더 열심히 믿어
야 구원을 받는다, 더 열심히 알아야, 봉사해야 구원을 받는다'라
고 생각한다면 이는 성경적 구원관이 아니다. 행위에 근거한 구원
관으로 복음에 역행하는 것이다. 소위 율법주의 구원관이요 세상
이 말하는 권선징악의 구원관이다.

이스라엘 백성이 어떤 '조건'을 충족해서 출애굽하게 되었을
까? 어떤 '행위'가 있어 홍해를 건너 구원받았을까? 그들은 하나님
이 아브라함과 맺은 언약에 근거해서 하나님의 구원 사역을 믿음
으로 받아들이기만 했을 뿐이다. 그들은 하나님이 이미 이루어 놓
으신 일을 받아들이면 되었고 그 안에 들어가서 하나님의 패밀리
가 되면 되었다. 구원을 위해 더 이상 덧붙이고 수고해야 할 일이
없었다. 하나님의 은혜로 이미 구원을 받은 신분이기 때문이다.

신약의 성도들에게도 구원의 원리는 동일하다. 하나님이 예수
그리스도를 통하여 이루어 놓으신 일을 믿음으로 받아들이고 그

은혜 안으로 들어가면 된다. 그러면 그 즉시 구원은 과거사요 현재로서 누리게 된다.

이런 구원을 누리지 못하고 평생을 구원 문제로 두려워한다면 사면받고도 여전히 형벌받아 마땅하다고 여기며 자유를 누리지 못하는 것과 같다. 구원은 일회적이다. 한번 구원을 받으면 더 이상 그로 인해 고민할 필요가 없다. 비록 구원받은 사람답게 살지 못하는 가책을 느낄지언정 "예수 그리스도 안에 있으면 결코 정죄함이 없다"는 바울의 선언(롬 8:1)이 내 확신이 되어야 한다. 어떤 땐 구원받은 것 같고 또 어떤 땐 구원받지 못한 것 같은 불안한 구원으로 살면 안 된다. 구원 문제만큼은 배짱으로 나가야 한다.

그러나 믿음의 전 영역에서는 구원이 '이미' 이루어진 게 아니다. 애굽과 가나안 사이, 홍해와 요단강 사이에는 '구원 그 후'가 있다. 구원 그 후는 하나님의 백성으로 거듭난 이스라엘이 신분뿐만 아니라 마음과 행동까지 온전한 하나님의 백성이 되는 과정이다. 십계명과 안식일을 비롯한 5대 제사, 절기는 그 과정에서 주어진 것들이다. 이 하나님의 명령을 행함으로 저들은 거룩한 성화 백성으로 빚어져 갈 것이다. 그때까지는 '아직'(not-yet)이다.

구원은 '아직' 완성되지 않았다

오스카 쿨만(Oscar Cullmann)은 《그리스도와 시간》에서 2차 세계대전의 용어들을 인용하여 이를 잘 설명한다. 크리스천은 D-day

와 V-day에서 산다. D-day는 한방의 결전으로 우리가 승리하고 구원받은 시간이다. 그러나 완전한 승리의 구원, 즉 V-day는 아직 완전하게 성취되지 않았다. 패잔병들이 곳곳에 숨어 반격할 틈을 노리고 우리를 공격하기 때문이다. 따라서 대승리를 거뒀다고 방심하다가는 패잔병들 수하에서 포로생활을 해야 한다. 승리와 완전한 승리 사이에는 긴장과 갈등과 방황의 시간들이 있다. 그래서 최종 승리를 얻을 때까지는 계속적으로 총대를 잡고 게릴라들과 맞서서 나를 지키고 마을(교회와 가정)을 지켜야 한다.

한국 역사를 중심으로 다시 설명해 보자. 1950년 6·25전쟁이 일어난 후 조선인민군은 남진을 계속하다 연합군의 참전으로 낙동강에서 교착상태를 맞게 된다. 연합군은 조선인민군의 허리를 절단하여 섬멸한다는 계획을 세워 인천상륙작전을 감행한다. 1950년 9월 15일 오전 6시, 한·미 해병대는 월미도에 상륙하기 시작하여 작전 개시 2시간 만에 점령을 끝냈다. 이것이 D-day다. 그러나 D-day가 완전한 승리를 의미하는 건 아니다. 승리는 승리로되 완벽한 승리의 시작일 뿐이다. 26일 정오 중앙청에 한국 해병대가 태극기를 게양함으로써 작전을 끝냈다. 이것이 V-day다.

구원과 그 후는 V-day를 향한 여정이다. 여기서 성공하느냐 실패하느냐, 성장하느냐 후퇴하느냐가 결정된다. 구원과 그 후, D-day와 V-day 사이, 구원은 정적이고 구원 이후는 동적이다. 성화는 동적 상태에서 시작된다. 하나님의 능력을 공급받고 영적인 업적들을 남기는 시간이다. 천국의 보상은 이 사이에서 일어난 일들을 근거로 주어진다. 많은 크리스천이 이 사이를 간과하기에 신앙의 공회전을 반복하는 것이다.

유대인들은 태어나면서 선민 유대인이 된다. 이방인은 개종하면 유대인이 된다. 옛날에는 의무적으로 할례를 받아야만 유대인이 되었지만 지금은 유대인 입교가 그렇게 엄격하지 않다. 누구든지 마음에 결신만 하고 약식 과정을 거치면 유대인이 된다. 그렇다 보니 현대의 유대인은 모두가 충실한 유대교인이라 할 수 없다.

전통과 유전을 중시하는 정통파 유대인은 이스라엘 인구의 8%를 차지하는 소수이지만 아직도 유대 종교법을 엄격하게 지킨다. 검은 양복과 검은 모자를 쓰고 다니며 그들만의 거주 지역에서 산다. 일종의 성별이다. 안식일에는 아무 일도 하지 않는다. 전깃불도 켜지 않고 방 안의 짐도 옮기지 않는다. 이동거리도 1km 이상을 넘어가면 안 된다. 돼지고기를 먹지 않는 등 금기 사항이 613개나 된다. 세계의 안티(Anti) 유대인 정서도 만만찮아서 유대인으로 사는 것이 쉽지만은 않다.

예수님을 믿는 것도 마찬가지다. 교회 다니기는 쉬워도 크리스천으로 살아가기는 어렵다. 술, 담배, 조상 제사 같은 세상의 문화와 충돌하면 몹시 고민스럽다. 예수님의 제자로 살기가 만만찮은 것이다. 그럼에도 사람들은 너무 쉽게 예수님을 믿는다. 그러나 예배에 참여하고 세례를 받고 직분을 받으나 그들 중 믿음의 성장이 나타나는 사람은 드물다. 왜 그럴까? '이미'와 '아직' 사이에 놓인 긴장의 시간을 놓쳐 버렸기 때문이다.

홍해와 요단강 사이

구약성경은 '이미'와 '아직'의 이야기를 곳곳에 심어 놓았다. 출애굽한 이스라엘 백성은 곧장 가나안으로 들어가는 줄 알았다. 홍해를 건너게 되었을 때 "와 이리 좋노~ 꿈인가, 생시인가" 환호하며 "이제 고생 끝이다!"라고 안도했다. 적어도 열흘이면 가나안에 들어가 젖과 꿀이 흐르는 행복한 땅에서 천년만년 사는 줄로만 알았다.

그런데 그들은 광야에서 40년을 살았다. 열흘이면 갈 수 있는 곳을 40년이 걸려 들어갔다. 이유가 무엇인가? 물론 불신앙 때문이다. 원인이 무엇이든 이스라엘 백성은 40년의 시련을 활용해야 했다. 믿음이 더 순전해지고 더 거룩해지고 성화되어서 자식과 손자들에게 영적인 영향을 끼쳐야 했다. 그들은 비록 가나안에 들어가지 못하더라도 가나안에 들어간 자녀들이 믿음의 나라를 세울 수 있도록 부모로서 믿음의 모습을 보여 주어야 했다.

하지만 그들은 출애굽 후 40년 동안 불신앙과 완악함을 완벽히 드러냈다. 홍해는 유대인의 신분을 얻은 사건이고 홍해와 요단강 사이, 즉 광야는 거룩한 선민으로 거듭나는 시간이다. 하지만 그들은 그 시간을 성화의 시간으로 활용하지 못하고 신앙의 공회전을 반복함으로 세월을 허송했다.

가나안 입성만 해도 그렇다. 가나안에 입성한 은혜를 입었으면 일곱 부족으로 대표되는 가나안 원주민들을 소탕 내지는 추방해야 했다. 그러나 이스라엘은 혼합했고 껴안아 버렸다. 자기 소견대

로 살았다. 결과적으로 세속주의에 오염되어 원주민들의 멸시를
받았다. 하나님의 권위를 보여 주지 못했으니 선민이라는 주장이
무색해졌다.

삼손은 세속주의 신앙으로 감으로써 세상의 조롱을 받은 대표
적인 인물이다. 삼손은 죄에 빠져 세상과 놀다가 결국 머리를 깎
이고 블레셋 연회장에서 연자맷돌을 돌리는 노예로 전락해 사람
들을 웃기는 어릿광대가 된다. 성별에 힘쓰지 못하고 성화에 관심
이 없었던 삼손이 스스로 자초한 불행이다.

작금의 한국 교회가 그런 상황에 놓여 있다. 무조건 믿기만 하
면 구원을 받는다는 교리에 빠져 생활의 거룩을 놓친 크리스천을
세상은 한심한 눈으로 바라보고 있다. 하나님의 권위를 보여 주지
못하니 세상의 조롱거리가 되었다. 영화 〈밀양〉과 〈오늘〉은 이 같
은 한국 교회의 현실을 꼬집고 있다.

우리는 구원을 받은 '지금'에 안주해서는 안 된다. 구원이라는
보험에 들어 꼬박꼬박 주일예배를 드리고 헌금하고 봉사함으로
천국보험액을 주간마다 납입한다고 천국보험 수령액이 많다는 착
각에 빠져서는 안 된다. 천국보험액은 내가 세상에서 얼마나 성화
된 삶을 살았는가를 비롯하여 우리가 믿은 햇수, 다양한 봉사, 크
리스천의 의무 등을 합산해서 수령하게 된다. 그렇기에 성화의 삶
을 살지 못했다면 천국 상급은 꿈도 꾸지 말아야 한다.

무례한 가짜여, 진짜를 살라

이청준의 단편《벌레 이야기》를 각색한 영화 〈밀양〉은 비신자들은 예배당 영화라 외면하고, 신자들은 기독교를 꼬집었다고 외면해서 흥행에 실패한 영화다. 그러나 그 반향은 지금까지 회자될 만큼 크다.

교회, 죄를 심상하게 하는 이상한 동네?

서울에서 남편을 잃은 신애는 남편의 고향인 밀양으로 내려가 새로운 삶을 시작한다. 피아노학원으로 생계를 꾸리던 신애는 아들이 쑥스러움을 많이 타자 웅변학원에 보낸다. 그러나 그 학원 원장이 아들을 유괴해 결국 살인을 저지르고 만다. 경찰서에서 살인범과 마주한 신애, 그러나 그녀는 살인마의 얼굴을 피해 버린다. 끓어오르는 분노를 폭발하지 못하는 것이다.

신애에게 가장 절망스러운 것은 원망과 분노를 터뜨릴 대상이 없다는 것이다. 유괴범이 용서의 대상은 될 수 있어도 분노의 대상은 아닌 역설이 거기에 존재한다. 그러던 중 약사 부부의 인도로 내적 치유 세미나에 참석하게 되고 거기서 은혜를 받고 흐느껴 울며 유괴범을 용서하겠다는 결심을 하게 된다. 그리고 교도소까지 찾아가 살인범을 만났으나 살인범에게서 뜻밖의 고백을 듣는다. 자신의 죄를 하나님께 용서받았다는 것이다. 그 순간 신애는 어떻게 하나님이 자기 허락도 없이 살인마를 용서할 수 있느냐고 절규한다.

과연 하나님은 어떤 죄도, 누구의 죄도 용서하신다. 하나님한테는 누구든 용서의 대상이지 분노의 대상이 아니다. 심지어 유괴범, 살인범도 분노의 대상이 아니라 용서의 대상이다. 따라서 구원은 인간의 행위로 얻는 것이 아니라 하나님의 용서로 얻는 것이다. 그러므로 교회는 은혜의 저장소다. 우리가 선행이 아니라 하나님의 은혜로 구원을 받았기 때문이다. 은혜로 구원을 받은 사람들이 모인 곳이기에 교회는 은혜의 장소다. 허물이 은혜로 덮이고 실수가 은혜로 묻혀야 한다. 교회는 만민의 허물을 묻어 주는 은혜의 무덤이다.

그런데 과연 모든 사람을 은혜로만 대해야 하는가? 은혜를 강조하다 보면 죄를 심상하게 여기는 함정에 빠지게 된다. 그래서 교회만큼 뻔뻔한 사람들이 행세하기 좋은 곳도 없다. 죄를 짓고도 은혜로 덮어 달라고 당당하게 요구할 수 있는 곳이 교회다. 여기서 딜레마가 생긴다.

우리는 예수님 안에서 발견되어진 사람들이다. 은혜로 구원받은 것이다. 그러면 이후로는 은혜로 구원받은 삶을 살아내야 한다. 이제는 내 안의 예수님을 드러내는 일을 해야 한다. 그런데 우리는 은혜로 구원받은 것으로 이미 다 이루었다고 여긴다. 영화 〈밀양〉에서 살인범의 뻔뻔스러움이 바로 여기에 연원한다. 하나님께 용서받고 구원받았으니 그것으로 계산이 끝났다는 식이다. 〈밀양〉은 크리스천의 뻔뻔함이 살인범의 그것과 다르지 않다고 지적하고 있다.

하나님을 용서할 수 없다

영화 이야기를 계속해 보자.

"자매님! 저는 주님의 은총으로 평안합니다. 여기 와서 하나님을 믿게 되어 얼마나 다행인지 모릅니다. 이전에 저의 죄는 하나님께 용서받았습니다. 이제 평안합니다. 할렐루야!"

오랜 시간 고민을 거듭하다 마침내 용서를 결심하고 교도소를 찾은 신애가 살인범에게서 들은 말이다. 더구나 살인범은 얼굴이 평온하다. 신애가 더 죽음에 가까운 얼굴을 하고 있다. 살인범의 어디서 들어 본 듯한 이 말은 무슨 뜻인가? '당신의 용서는 하나님의 용서에 비하면 아무것도 아니다, 큰 용서를 받았으니 당신의 용서는 중요하지 않다'라는 뜻이 아니겠는가? 그 순간 신애는 하나님께 심한 배신감을 느낀다. 아들이 죽을 때는 아무런 도움도 주지 않던 하나님이 어떻게 이 잔인한 살인범을 그토록 자비롭게 용서해 주실 수 있는가? 피해자인 당사자가 용서하지 않았는데 어떻게 하나님이 용서를 대리할 수 있단 말인가?

신애는 면회가 끝나자마자 나와서 실신한다. 이 실신은 신애의 삶이 평안이 아닌 신과의 불화로 점철될 것임을 암시한다. 신애는 하나님께 반항한다. 분노의 대상을 찾은 것이다. 사랑의 하나님, 자비의 하나님, 어떤 죄인도 살리시는 하나님이 왜 우리 남편과 아이는 죽게 내버려두셨는지, 왜 우리 남편과 아이에게는 사랑을 거두고 자비를 베풀어 주지 않으셨는지, 그러면 왜 이 뻔뻔한 살인범에게는 평안의 마음을 주셨는지…. 신애는 자신을 전도한 약사(장로)를 유혹하여 자기 몸을 망가뜨림으로써 하나님께 복수한다.

기독교의 '값싼 은혜'는 오늘 우리가 극복해야 할 과제다. 은혜의 날개 아래 잘못을 은폐하고 피해자를 조롱하는 악한이 우리 안에 있음을 인정해야 한다.

용서도 때로 죄가 된다

이정향 감독의 영화 〈오늘〉도 크리스천들을 노골적으로 겨냥하는 것은 아니지만 맥락은 같다. 자신의 생일날 약혼자를 오토바이 뺑소니 사고로 잃은 다큐멘터리 PD 다혜는 용서하면 모두가 행복해질 거라는 믿음으로 가해자 소년을 용서한다. 1년 후, 다혜는 용서라는 주제로 다큐멘터리를 기획하고 다양한 사건의 피해자들을 찾아다니며 촬영을 시작한다. 촬영이 진행될수록 자신이 용서해 준 17세 소년을 떠올리게 되는 다혜. '착하게 살고 있겠지' 하고 위무하려 했지만, 우연히 전해 들은 소식은 그녀를 충격에 빠뜨린다. 그 소년이 더 큰 범죄를 저질렀다는 것이었다. "용서해 준 것이 죽도록 후회된다"고 말하는 다혜. 그때 용서해 주지 않고 감옥에 보냈으면 무고한 희생자는 없었을 것이라는 자책이 다혜의 심장을 찌른다.

〈오늘〉에서 다혜를 연기한 송혜교 씨는 인터뷰에서 이렇게 말했다.

> "용서는 잘해 보자는 화해의 제스처이고, 항상 좋은 결과를 낳을 것이라고 생각했는데, 용서가 때에 따라서는 최악의 결과를 낳을 수도 있다는 걸 이번 영화를 통해 생각해 보게 됐다."

구원은 전적인 하나님의 은혜로 이뤄진 것이다. 용서도 전적인 하나님의 은혜다. 구원과 용서에서 우리가 한 것은 아무것도 없다. 그렇게 은혜로 용서를 받고 구원을 받았으면 용서받은 자답게 사는 일은 우리가 할 일이다. 진짜와 가짜는 열매를 보면 안다.

조계종 불교사회연구소는 17세 이상 1500명을 대상으로 '2014년 한국의 사회·정치 및 종교에 관한 대국민 여론조사'를 실시한 결과, 1~5점 척도의 신뢰도 조사에서 천주교 신뢰도가 3.39로 가장 높게 나타났다고 밝혔다. 불교의 신뢰도는 3.32로 천주교 다음이며, 개신교가 2.92, 원불교가 2.41, 이슬람은 2.17로 집계됐다. 새삼스러운 이야기도 아니다. 한국행정연구원이 갤럽과 2018년 4월에 공동으로 실시한 '사회통합 실태조사'에서 종교기관을 '전혀 또는 별로 믿지 않는다'는 응답이 59%가 나왔다. 5명 중 3명이 종교기관을 신뢰하지 않는 셈이다. 연령별로는 20대(19~29세)가 67%로 가장 높았다.

종교기관에 대한 불신은 주로 신앙과 일치하지 않는 삶에서 기인한다. 종교인이 신앙의 가르침을 따라 올바르게 살지 못하면 이를 보고 세상 사람들은 위선자라고 여기며 실망한다. 통계 수치는 사람들이 개신교보다 로마가톨릭을 더 신뢰한다고 말하고 있다. 그들의 말과 행동에 더 많은 영향을 받는다는 얘기다. 뼈아픈 결과가 아닐 수 없다.

하나님의 은혜로 구원을 받았으면 이제부터는 나의 행위가 시작되어야 한다. 하나님이 용서해 주셨으면 사람에게도 용서를 받아야 한다. 아이를 유괴하고 죽인 그 파렴치한 행위는 그 어머니에게 용서를 구해야 마땅하다. 내가 할 일까지 은혜의 날개로 덮어 버려선 안 되는 것이다.

풀러신학교의 리처드 마우(Richard J. Mouw) 총장은 그의 책,《무례한 기독교》에서 기독교인의 이런 모습을 '무례하다'고 지적한다. 가짜를 진짜로 착각하는 것은 기독교인들뿐이다. 세상은 무례한 가짜를 진짜로 속아 주지 않는다.

우리는 예수님 안에서 은혜로 구원을 받았다. 구원을 받은 신분이 된 것이다. 이후는 구원을 받았다는 증거물을 내놓아야 한다. 내 안에 계신 주님이 밖으로 나오시도록! 그래서 사람들이 나에게서 예수님의 형상, 인격과 사역을 볼 수 있도록 해야 한다. 선한 인격과 성품이 나타나야 한다.

예수님이 창기였던 여인들, 삭개오와 세리 등을 은혜로 용서하셨다. 하지만 그들의 불미스러운 행위 자체를 용서하신 것은 아니다. 그들의 죄에도 불구하고 하나님의 신실하고 창조적인 자녀로 살 수 있는 잠재력을 보시고 용서하신 것이다. 기생 라합에게서 나타난 구원받은 이후의 삶을 기대하신 것이다.

구원받은 이후의 삶, 성화의 삶은 우리의 과제이자 책무다. 하나님은 은혜로 덮어 주시고, 우리는 그 은혜를 삶과 인격과 성품으로 드러내어 그분이 하신 큰일을 세상에 보여야 한다. 이 과정에서 내 수고와 아픔과 자기 포기와 대가가 지불된다. 성화의 과정이다. 우리는 모두 구원받은 것이 무엇을 의미하는지 성화의 삶으로 기독교를 변증해야 할 의무가 있다.

구원을 잘못 가르치고 있는 율법주의에 대한 바른 가르침이 로마서이고, 구원에 행위가 덧붙여져야 한다는 갈라디안주의에 대한 경고가 갈라디아서다. 구원은 이미 이뤄졌으니 행위는 상관없다는 반율법주의에 대한 경고가 야고보서다.

한국 교회에 필요한 것이 무엇일까? 기독교는 결코 무례한 사

람들의 집단이 아님을 변증하려면 어떻게 해야 할까? 우리는 야고
보서의 가르침에 다시 한번 귀 기울여야 한다. 믿음을 행위로 성
화시키는 일에 매진해야 한국 교회가 살아날 수 있다.

성화는 가정에서부터

　야곱은 성경의 어떤 인물보다도 성공에 대한 집념이 강했다. 그는 왜 그토록 성공에 집착했을까? 하나님의 복을 자기식으로 '빨리빨리' 얻으려 했기 때문이다. 계산적이지 못한 형에게서 가로챈 복은 아브라함에게 주신 광활한 땅, 대민족, 복의 근원이다. 그 복을 하나님은 벧엘의 돌베개를 베고 누운 야곱을 찾아오셔서까지 보증해 주셨다. 그렇다면 야곱은 제 할 일만 하면 되었다. 제 할 일이란 하나님께 한 약속을 지키며 사는 것이다. 곧 신본주의, 예배 중심, 십일조 생활, 이 세 가지 서약만 잘 지키면 성화는 저절로 될 것이고 약속하신 복도 받게 될 것이다. 물질 축복이든 명예 축복이든 하나님이 주신 복은 세속주의의 통로가 되지 않고 성화를 위한 통로가 될 것이다.

　그런데 왜 야곱은 하나님의 때에 주실 그 복을 그렇게 안달하며 가지려 한 것일까?

　야곱의 목표는 세상을 향한 축복의 통로가 되는 것이다. 거룩한 족장이 되는 것이다. 이것이 야곱이 할 일이다. 이 일을 이뤄 내면 그 자체가 성화가 된다. 땅과 대민족은 아들대, 자손대에서 이루어질 것이다. 성화되는 동시에 축복이 순리대로 성취될 것이다. 하지만 야곱은 제 할 일은 뒷전이고 하나님의 일을 자기 손으로 하려 했다. 이유는 좀 더 빨리 그 복을 쟁취하기 위해서다. 야곱의 성공 집착은 조급한 성공주의에 기인한다.

야곱이 라헬을 선택한 이유

야곱의 생활 양식은 어머니 리브가에서 왔다. 리브가는 쌍둥이를 가졌을 때 큰 자가 작은 자를 섬기겠다는 말씀을 들은 것도 있지만, 자기를 꼭 닮은 작은아이에게 정이 갔다. 마침 장남은 성품은 좋은데 영적인 것에 도무지 관심이 없었다. 그래서 리브가는 야곱을 3대 언약의 계승자로 맞춤하여 양육했다. 여기까지는 문제가 없었다. 야곱에게 언약을 가르쳐 주고 그 소중함을 일깨우는 것은 당연히 할 일이기도 했다.

문제는 다음부터다. 리브가는 언약을 이루어 주실 때까지 기다릴 수가 없었다. 남편은 사람은 좋은데 무능하고 자기 소신이 없다. 나이 들어 눈이 멀기까지 했다. 눈이 멀었다는 것은 분별력이 떨어졌다는 의미다. 그런 이삭을 믿고 있다간 자칫 하나님의 3대 언약이 큰아들 에서에게 계승될지도 몰랐다. 리브가는 조바심이 났고, 결국 남편과 장남을 속여 장자권을 가로채기에 이른다. 언약 집안에 도둑질이라는 죄를 끌어들인 것이다.

리브가는 에서를 덜 사랑하고 야곱을 더 사랑해서가 아니라 두 아들보다 리브가 자신의 야망이 더 컸다. 야곱을 지극히 사랑해서가 아니라 자신의 야망을 위해 속임수와 거짓을 사용해 장자권을 가로챈 것이다. 리브가야말로 그 욕심 때문에 성화가 안 되는 여인이다.

'세게' 기도하고, '세게' 헌금해서 하나님의 손에 있는 성공을 움켜쥐려는 오늘날의 리브가들이 있다. 내 손으로 내 자식들 성공시켜야 직성이 풀리는 부모들이다. 외양으로는 믿음 좋아 보이나 성화가 안 되는 어머니, 아버지들 때문에 한국 교회의 다음 세대들이 교회를 떠나고 있다. 교회를 지키고는 있지만 그릇된 욕망을 부모에게서 배워 야곱처럼 성화에는 관심이 없고 성공주의를 좇고 있다.

야곱은 처음부터 성화의 단추가 잘못 끼워졌다. 결혼 과정을 봐도 성화와는 거리가 멀다. 라반의 두 딸 레아와 라헬에 대해 성경은 이렇게 묘사했다.

레아는 시력이 약하고 라헬은 곱고 아리따우니 **창 29:17**

레아는 시력이 약했다. 개역한글은 안력이 부족했다고 번역한다. 눈에 힘이 없는 것은 유순하지만 총기가 없다는 의미다. 이에 비해 라헬은 곱고 아리땁다. 메시지 성경에서는 '눈부시게 아름다운'으로 해석한다. 얼굴도 예쁜 데다 총명하기까지 한 여인이다. 어느 남자가 마음을 주지 않겠는가. 문제는, 자매가 함께 한 남자를 좋아한 것이다.

야곱이 라헬을 위하여 칠 년 동안 라반을 섬겼으나 그를 사랑하는 까닭에 칠 년
을 며칠같이 여겼더라 창 29:20

야곱이 7년을 수일같이 여길 만큼 라헬을 사랑했다. 그런데 성
경의 행간에 숨겨진 사실이 하나 있다. 언니 레아도 야곱을 좋아
했다는 사실이다. 수줍어 사랑을 표현하지 못했으나 동생의 연애
를 부러워하고 시기하면서 7년이나 야곱을 사모했다는 것이다. 이
무슨 비극이란 말인가. 야곱이 사업 수완은 있지만 심성이 고운
남자는 아닌 줄 알았을 텐데, 레아는 어째서 나쁜 남자 야곱을 연
모했단 말인가.

왜 나쁜 남자에게 끌리는가

도대체 여자들은 왜 나쁜 남자에게 끌리는 것일까? 진화심리
학에 따르면 여성은 짝을 고를 때 남성의 '자원 제공 능력'을 첫째
로 본다고 한다. 나와 자식을 먹여 살릴 자원 제공 능력을 판단할
단서는 경제력, 사회적 지위, 학벌이다. 경제력은 눈으로 확인할
수 있지만, 남자가 그 경제력을 나에게 기꺼이 제공할 것인가 하
는 속마음을 확인하기는 힘들다. 그래서 여성에게는 남성의 마음
을 파악하기 위한 단서가 필요하다. 바로 헌신성이다. 그런데 나쁜
남자의 주특기가 바로 이 헌신성이다. 나쁜 남자는 처음부터 나쁜
남자가 아니다. 처음부터 못되게 구는 남자는 '나쁜 놈'이다. 그런
나쁜 놈에게 끌리는 여자는 없다. 나쁜 남자는 여자의 마음을 얻

을 때까지 정말이지 헌신적으로 잘해 준다. 일종의 연애기술이다. 그리고 마침내 여자의 마음을 얻고 나면 그때부터 나쁜 남자의 본심을 드러낸다. 여자는 이런 나쁜 남자한테 매번 상처를 받으면서도 의도된 헌신을 하지 못하는 착한 남자에게는 끌리지 못한다. 그래서 나쁜 남자 주변엔 늘 여자들이 있다.

야곱이 그의 외삼촌 라반의 딸 라헬과 그의 외삼촌의 양을 보고 나아가 우물 아귀에서 돌을 옮기고 외삼촌 라반의 양 떼에게 물을 먹이고 창 29:10

야곱은 헌신성이 뛰어나다. 초면인데도 얼른 우물 아귀의 돌을 옮긴다. 요즘 말로 매너가 좋은 것이다. 얼른 자동차 문을 열어 주고 잽싸게 비싼 음료수를 사 오고 근사한 레스토랑에 데려가고… 그러니 어느 여자가 나쁜 남자에게 혹하지 않겠는가.

그가 라헬에게 입맞추고 소리 내어 울며 창 29:11

동정심 유발이다. 야곱은 처음부터 라헬을 찍은 것이다. 라헬을 보는 순간 필(feel)이 꽂힌 것이다. 라헬의 무엇을 보고 이렇게 한순간에 필이 꽂힌 걸까? '이 여인이 내 믿음 생활에 도움이 될까, 3대 언약을 이루는 데 돕는 배필이 될까?' 이것은 언약, 믿음, 하나님이 선택의 기준이다. 하지만 야곱은 이런 기준은 염두에도 없다. 단지 '예쁘다'가 선택의 기준이었다.

레아와 라헬 자매만 야곱을 좋아한 게 아니라 외삼촌도 야곱을 좋아했다. 집안 전체가 나쁜 남자 야곱에게 홀린 것이다. 라반은 결혼식 날 신부 바꿔치기로 두 딸을 동시에 처리해 버렸다. 큰딸의 마음을 간파한 라반은 그렇게 하지 않으면 레아의 상사병을 고

처 줄 방법이 없다고 판단한 것 같다. 라반 역시 나쁜 남자라서 나쁜 남자의 속성을 누구보다 잘 안다. 하지만 나쁜 남자는 그보다 더 나쁜 남자에게 당하게 되어 있다.

야곱이 아침에 일어나 보니 신부가 바뀌었다. 7년을 수일같이 사랑했다면서 밤새도록 같이한 여자가 라헬이 아닌 줄 왜 몰랐을까? 혹시 야곱은 알면서도 모른 척한 것일까? 라헬은 왜 첫날밤을 야곱과 함께하지 못했을까? 그 시간 라헬은 어느 방에서 자고 있었던 걸까? 레아는 아버지가 신방에 들여보낸다고 덥석 들어갔을까? 고락을 함께해 온 동생의 신랑을 그것도 결혼식 첫날밤에 가로챈다는 것이 언니로서 할 짓이 아니라는 걸 몰랐을까? 이후에 있을 후폭풍을 어떻게 감당하려고 그랬을까?

야곱-레아-라헬, 이 삼각관계의 미스터리를 푸는 열쇠에 술을 등장시켜 본다. 세 사람 모두에게 라반이 엄청 술을 먹여 인사불성을 만든 것이다. 라헬에게는 포도주에 수면제를 탔을 수도 있다. 레아에게는 몽환약(사람의 넋을 몽롱하게 만드는 약으로 마약, 수면제의 일종)이라도 먹였을까.

라반이라면 능히 그럴 수 있을 것 같다. 유능한 사위를 얻고, 두 딸을 동시에 그의 부인으로 만들면 아브라함-이삭-야곱에게 내려오는 그 엄청난 축복을 나눠 갖는 집안이 될 수 있다. 그리고 자신은 언약 집안의 어른 행세를 할 수 있다. 이런 셈법이 라반에게 있었다면 살인이라도 마다하지 않을 위인이다. 물론 이 모든 일이 내 상상에서 비롯된 유추에 불과하다.

가정이 성화의 걸림돌이 되기도 한다

야곱은 7년 후 라헬을 마침내 아내로 맞게 된다. 그러나 라헬은 임신하지 못했고 언니 레아에 대한 질투심으로 자신의 여종을 통해 아들을 얻고자 한다. 레아 역시 경쟁적으로 자신의 여종을 통해 아들을 얻으므로 야곱은 레아와 라헬, 그녀들의 여종 실바와 빌하를 아내로 얻게 되었다. 그리고 그녀들에게서 열두 명의 아들을 얻었다. 야곱의 집은 열두 아들을 먹여 살리고 네 여인의 시기와 질투 속에서 하루도 바람 잘 날 없었을 것이다. 그러니 야곱이 어느 세월에 성화를 하겠는가.

야곱은 왜 첫날밤의 실수를 원래 상태로 되돌리지 않았을까? 라반에게 항의 정도로 끝나지 말고 레아를 거절해야 했다. 아니면 인연이 아니려니 생각하고 라헬을 떠나야 했다. 하지만 야곱은 자매를 부인으로 받아들인 데다 그녀들의 여종까지도 아내로 받아들였다. 왜 그랬을까? 언약의 계승자로서 당연히 이 복잡한 관계를 거절하고 가문을 제대로 세워야 하지 않았을까?

야곱에게는 어머니 리브가에게서 물려받은 유전자가 있다. 바로 조바심이다. 조바심은 인간적인 수단과 방법을 동반한다. 한 여인에게 자식을 얻어 어느 세월에 대가족이 되고 부족이 되고 민족이 될까? 그러니 자매의 경쟁을 이용해 제2언약, 대민족이 되는 언약을 이루려 한 것이다. 자기 손으로 언약 성취를 만들어 내려는 것이다. 그에게서 리브가의 수법을 본다.

그러는 동안 야곱은 벧엘에서 하나님께 한 서원을 까맣게 잊어

버린다. 하나님만을 섬기겠다는 서원은 라헬의 드라빔 우상신을 묵인함으로 약속을 어긴다. 벧엘에 제단을 쌓겠다는 약속도 20년 동안 한 번도 벧엘을 찾지 않음으로 지키지 않았다. 성화와 관계된 것은 아예 폐업 상태에 있었던 것이다. 그러니 20년 이상 성화가 일어나지 못한 것은 당연한 결과다.

밧단아람에서 보낸 객지 생활은 야곱의 성화에 도움이 되지 못했다. 만일 레아를 부인으로 인정하고 만족하며 살았다면 레아는 얼마나 현숙한 아내가 되었을까? 실제로 레아는 큰어머니로서 열두 아들 중 하나라도 궐(闕)이 나지 않게 키우지 않았던가.

남편을 독점하고 싶은 라헬로 인해 두 여종까지 야곱의 부인이 되었고, 여종 출신의 아들들에게 깊은 자격지심을 남겼다. 드라빔 우상도 모시고 산 라헬의 욕심, 시기 질투로 인해 요셉은 나중에 이복형제들의 미움을 받아 험난한 세월을 보내야 했다.

성경에서 아내의 역할, 부부의 역할은 '돕는 배필'이다. 서로의 성화를 도와주라고 아내를 주시고 남편을 세우신 것이다. 야곱의 결혼관에는 이런 하나님의 원리가 작동되지 못했다. 벧엘의 약속을 잘 지킬 수 있도록 아내를 택하고 가정을 꾸려야 했는데 피차간에 성화를 지연시키는 역할을 했을 뿐이다.

야곱의 느린 성화는 결국 잘못된 결혼관 때문이다. "여자는 허세를 부리는 남자를 경계하고 남자는 허영심에 빠진 여자를 경계한다"는 말이 있듯이 야곱은 허영에 찬 라헬을 멀리하고 레아는 허세를 부리는 남자 야곱을 경계했다면 이들 남녀는 각각 좋은 사람을 만나 좋은 가정을 꾸리지 않았을까 싶다.

이처럼 성화는 가정에서 출발해야 한다. 가정은 하숙집이 아니라 성화를 만들어 가는 지성소다. 성화의 제자훈련을 쌓는 곳이 가정이다. 부부는 서로의 성화를 도와야 한다.

야곱은 사랑하는 아내를 잃고 자식들과의 관계가 만신창이가 된 뒤에야 성화를 시작한다. 우리 역시 가정을 성화 장소로 만들지 못하면 혼자 쓸쓸히 죽음을 앞둔 노인이 되어서야 성화를 시작할 수 있다. 얼마나 가련한 성화가 될 것인가. 쉽게 할 수 있는 이야기가 아니다.

돈은 성화의 수단이 될 수 있는가

깨끗한 부자와 깨끗한 빈자, 어느 쪽이 성화에 도움이 될까? 깨끗하게 살아도 부자는 돈 때문에 성화가 더디고, 가난한 사람은 돈이 없어서 성화가 더디게 될까? 돈은 가치 중립적이다. 거룩한 돈도 더러운 돈도 없다. 거룩한 돈이 있다면 그건 돈이 거룩한 것이 아니라 돈을 쓰는 사람이 거룩한 것이다. 돈이 더럽다면 돈을 쓰는 사람이 돈을 바르게 관리하지 못하고 돈을 더럽게 사용하기 때문이다.

돈을 선하게 부리는 사람은 돈이 주인의 성화를 돕지만, 돈을 주인 삼으면 돈은 주인을 타락시킨다. 돈은 부리는 사람에 따라 성화의 수단이 될 수도 있고 타락의 통로가 될 수도 있다.

돈은 가치중립적이다

야곱은 어떨까? 야곱에게 묵묵히 경건의 길을 걸은 아버지, 성공에 욕심이 많은 어머니는 그의 성화에 도움이 되지 못했다. 타

고난 성격도 성화에 도움이 안 되었다. 모태신앙이라는 종교 생활
도 성화에 도움이 안 되었다. 네 명의 부인과 열두 명의 아들들도
성화에 도움이 안 되었다!

그러면 돈은 성화에 도움이 되었을까? 돈이 야곱을 성화시켰다
면 왜 그리 늦게까지 험악하게 살았을까? 인생을 험하게 살게한
원인이라면 돈은 성화에 도움이 아니라 평생 애물단지가 된 것이
다. 돈이 왜 성화를 돕지 못했을까?

야곱은 하나님을 좇지 않고 돈을 좇았다. 돈이 저절로 따라오
게 만들어야 하는데 도리어 돈을 좇아다니는 바람에 돈의 하인이
되고 말았다. 돈은 그런 것이다. 돈은 자신에게 충실한 사람일수
록 우스꽝스럽게 만든다. 평판이 괜찮던 사람이 돈을 벌면 교만해
져서 믿음 생활도 가정생활도 소홀히 하는 경우가 있다. 야곱이
그런 사람이다.

야곱은 수완이 타고난 사업가다. 외삼촌 라반이 두 딸을 무일
푼의 야곱에게 준 이유가 있다. 시원찮은 자신의 아들들에 견주어
야곱이 월등했기 때문이다. 목축 경영을 야곱에게 일임한 이유도
그 때문이다. 라반의 안목이 정확했음은 야곱이 장인 사업장에서
월급 사장이 된 지 6년 만에, 고향을 떠난 지 20년 만에 거부가 된
것을 보면 알 수 있다.

그 사람이 매우 번창하여 양 떼와 노비와 낙타와 나귀가 많았더라 **창 30:43**

심리학자이자 철학자인 윌리엄 제임스(William James)는 "세상 사
람들은 능력을 넘치게 갖고 있지만 매우 특출한 사람만이 그 능력

을 전부 활용한다"고 말했다. 야곱은 돈을 버는 데는 특출한 인물이다. 하나님의 축복권이 더해졌기에 능력은 갑절로 더해졌다.

그런데 말이다. 야곱은 돈을 버는 만큼 성화가 되었을까? 돈을 버는 과정에서 하나님의 도우심에 감사하며 성화가 되었을까? 야곱은 돈을 벌고 사업을 하면서 하나님을 제대로 섬긴 적이 없다. 하나님이 뻥튀기하듯 부자가 되게 해주셨지만 십일조 근처에도 가지 못했다. 하나님 없는 부자, 예배가 없는 부자, 십일조 생활이 없는 부자… 그 엄청난 수입이 성화에 도움이 되지 않았다.

야곱에게 돈은 성화의 수단이 아니라 성공의 수단이었다. 언약 성취를 내 손으로 이루겠다는 야곱의 인본주의가 돈을 벌수록 성화에서 멀어지게 했다. 그렇게 열심히 일하고 돈을 벌어다 주어도 외삼촌과 사촌들에게 좋은 소리를 듣지 못했다(창 31:1-2). 야곱은 더위와 추위를 무릅쓰고 눈 붙일 새도 없이 일했건만 고마워할 줄 모르는 외삼촌과 사촌들로 인해 불만이 터졌다(창 31:40).

돈이 성화의 수단이 될 수 없는 이유

야곱이 대놓고 처갓집 재산을 빼돌린 것은 아니지만, 머리를 좀 굴린 것은 있다. 처갓집 일을 봐주며 받은 월급으로는 네 명의 부인과 자식들을 먹여 살리기가 빠듯했다. 라헬은 돈 욕심과 허영심이 많은 여인으로 보인다. 남편의 마음을 얻으려 얼마나 치장을 했을까? 항상 돈이 모자랄 수밖에 없다.

야곱은 마침내 장인에게 제안한다(창 30:32-33). 장인의 염소 떼와 양 떼 중에 아롱진 것, 점 있는 것, 검은 것을 가려낼 텐데 앞으로 태어나는 모든 아롱이 점둥이 검둥이는 야곱의 것이 되게 해달라는 것이다. 대신에 장인의 가축을 책임지고 관리해 주겠다고 했다. 일종의 대리 사장 역할을 자임한 것이다. 라반이 손해 볼 것 없다고 여겨서인지 흔연히 수락한다.

여기서부터 야곱의 트릭(trick), 눈속임 내지는 농간이 시작된다. 버드나무(포플러), 살구나무(개암나무), 신풍나무(플라타너스)의 푸른 껍질을 벗겨 실하고 튼튼한 놈이 물을 먹을 때는 내밀고 약한 가축이면 거두어들였다. 나무들이 일종의 성욕제 역할을 한 것 같다. 이런 방법으로 자기만 실한 가축을 얻고 장인은 비실비실한 것들을 얻게 했다.

> 약한 양이면 그 가지를 두지 아니하니 그렇게 함으로 약한 것은 라반의 것이 되고 튼튼한 것은 야곱의 것이 된지라 **창 30:42**

안 좋은 것은 남에게, 좋은 것은 내게, 비실비실한 것은 남에게, 튼튼한 것은 내 것으로! 이건 성화를 향하는 사람이 할 짓이 못 된다. 아들 요셉의 생애와는 너무나 다르다. 요셉은 가는 곳마다 그가 있는 곳이 복을 받고 주인이 복을 받으므로 하나님의 함께하심을 증거했다. 요셉은 남들과 상생하므로 자연스레 성화가 된 것이다.

그러나 야곱의 인생에서는 윈윈, 즉 상생을 찾아볼 수도 없다. 내 가축만 건강하고 튼실하면 되었다. 나만 돈을 벌면 되었다. 야곱은 이렇게 교묘한 방법으로 자신의 재산도 불리고 라반에게 받은 억울함을 되갚아 주었다. 그렇게 해서 거부가 되었지만 장인과 처남에겐 분노의 대상이 되었다. 야곱에게 돈은 성화의 수단이 아니었다. 여기서 우리는 돈이 성화의 수단이 되었는가 안 되었는가를 구별하는 기준을 얻게 된다. 돈을 벌었는데 남에게 칭찬보다 너 때문에 내가 망하게 되었다는 소리를 듣는다면 그 돈은 성화와 상관없는 돈인 것이다.

성화가 없는 삶은 야곱으로 하여금 야반도주를 하게 만든다. 이런 사람이 돈 좀 있다고 장로가 되고 교회 중직이 되면 성화되지 않는 교회가 되기 십상이다. 야곱이 제대로 성화가 되어 장로가 된다면, 그 교회는 얼마나 든든하고 성스러운 교회가 될 것인가? 성화되어야 할 사람이 너무 늦어지면 교회의 성화에 지장이 생긴다.

교회에서 돈거래해선 안 된다. 교회는 서로의 성화를 돕는 곳이기 때문이다. 성화는 가정에서부터 훈련되어야 하지만, 그게 쉽지 않으니 교회가 그 역할을 하는 것이다.

야곱의 실패

야곱은 타고난 수완가였고 실제로 많은 돈을 벌었지만 그것이 그의 성화에 하등 도움이 되지는 못했다. 이유가 뭘까? 야곱이 좋은 것이 돈이기 때문이다. 장인도 처남들도 야곱을 가족이 아니라 돈벌레로 보았다. 돈벌레는 돈을 잘 쓰는 사람이 아니라 돈을 갉아먹는 해충이다. 하나님을 좇아 살아야 할 야곱이 라반을 따라 돈을 좇으니 그런 대접을 받는 것이다.

사람은 누구를 동반자로 삼고 인생을 사느냐가 중요하다. 개와 함께 달리는데, 개보다 처지면 개보다 못한 놈이고 개와 나란히 달리면 개 같은 놈, 개보다 앞서면 개보다 독한 놈이 된다. 개를 동반자 삼으면 못해도 개 같고, 잘해도 개 같다. 하나님이 아니라 돈을 중심 삼으면 많이 벌어도 돈벌레고 적게 벌어도 돈벌레다.

야곱은 평생 쫓기는 인생을 살았다. 형을 속여서 쫓기는 인생이 되더니 이제는 장인과 처남에게 쫓기는 인생이 되었다. 이제 야곱은 어떻게 해야 할까? 돈을 좇는 삶을 그만두어야 한다. 업적 중심의 삶을 그만두어야 한다. 그리고 부름 받은 삶으로 새롭게 시작해야 한다.

야곱은 축복의 근원, 축복의 통로로 부름을 받았다. 그러니 세상에 축복을 전하는 물줄기가 되어야 한다. 돈을 벌어도 물줄기가 되고 명예를 얻어도 물줄기가 되고 성공해도 물줄기가 되어야 한다. 내가 얻은 명예와 돈, 성공이 남을 이롭게 하는 것이어야 한다. 이것이 성화의 삶이다.

영국 레스터대학의 에이드리언 화이트(Adrian White) 교수가 178개국을 대상으로 제작한 '세계 행복 지도'에 의하면, 1위가 덴마크이고 그 뒤로 스위스, 오스트리아, 아이슬란드, 바하마가 따른다. 미국 23위, 중국 82위, 일본 90위, 한국은 102위다. 이를 통해 우리는 돈이 행복의 조건이 아님을 알 수 있다. 돈의 가치는 누가 그 돈을 소유했느냐에 따라 결정된다. 좋은 주인을 만나야 하는 것이다. 야곱은 돈을 벌기는 잘했지만 잘 쓰는 데는 실패했다. 야곱은 성화되기 전까지 돈을 잘 벌어 잘사는 사람이었지만 제대로 사는 사람은 아니었다.

오늘날에도 돈은 주인을 잘 만나기를 바란다. 선한 청지기를 만나 '주님의 돈'으로 사용되기를 바란다. 당신은 어떤 주인인가?

4부

하나님이 이루신다

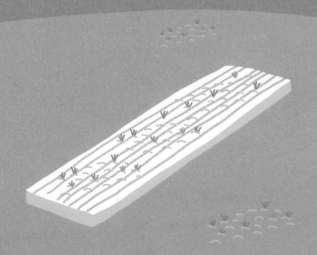

마침내, 하나님이 개입하시다

야곱의 나이가 백 세를 넘겼다. 백 세라면 늙은 노인이지만 당시에는 중년에 불과했다. 막내아들 베냐민이 이즈음에 태어났다. 이때까지도 성화가 되지 않은 야곱, 그 이유가 무엇일까? 정체성의 오해가 그 원인이다. 에서의 장자 명분을 샀으니 에서처럼 살면 된다고 생각했던 것이다.

야곱은 야곱으로 살아야 했다. 하나님이 야곱을 선택하신 것은 그의 영적 열망 때문이었다. 욕심 많은 사기꾼 기질의 야곱이지만 하나님은 그의 영적 욕심을 높이 샀다. 그런데 장자 계승권을 가로챈 뒤에는 세상을 얻으려 쏘다니던 사냥꾼 에서처럼 야곱은 기업 사냥꾼으로 살았다. 자기 신분을 제대로 이해하지 못한 까닭에 성화가 더디 되고 있는 것이다.

앞뒤가 꽉 막힌 순간

백 세가 넘은 야곱, 이대로 두었다간 온 세상에 복의 근원이 되기는커녕 오물이 될 판이니, 하나님이 마침내 개입하신다. 개입의 첫 단계는 움켜쥔 손을 푸는 일이다. 하나님은 라반과 그의 아들들을 이용해 야곱의 사업장을 흔드신다. 야곱의 20년 객지 생활이 헛고생이 될 위험에 놓였다. 야곱은 결국 야반도주를 결심한다. 남편으로서, 아버지로서 체면이 말이 아니다. 코가 납작해져서 도망길에 올랐다.

야곱은 아버지의 집, 가나안 땅으로 돌아간다. 그의 귀향은 금의환향일까? 20년 만에 재벌이 되어 고향땅을 밟게 됐으니 일면 금의환향이라 할 만하다. 게다가 아내가 넷이요 아들이 열둘이나 된다. 하지만 고향으로 돌아가는 야곱의 심정은 전혀 그렇지 않다.

야곱이 심히 두렵고 답답하여 자기와 함께한 동행자와 양과 소와 낙타를 두 떼로 나누고 창 32:7

근심 '우'(憂), 근심 '환'(患), '우환환향'(憂患還鄕)이다. 뒤에는 라반과 그 아들들이 버티고 있고, 앞에는 에서의 군대가 달려오고 있다. 앞뒤 모두에게 야곱은 가해자다. 형에게서는 도망을 갔다가 도망 오고 라반에게서는 도망갔다가 도망 나오는 중이다. 야곱은 지금 도망자 신세다. 장막에서 어머니와 함께 할아버지에게서 대물림되는 언약 신앙을 굳게 잡고 살던 사람이 어찌 이리되었을까? 평생을 가해자로 산 이런 사람이 성화된다면 그것이 바로 기적이다.

하나님은 야곱을 궁지에 몰아넣으신다. 이것이 하나님이 개입하신 명백한 증거다. 앞에는 에서의 용병들이 달려오고 뒤에는 독

이 잔뜩 오른 처남들이 버티고 있다. 어떻게 해야 할까? 야곱에게
는 꽉 막힌 길이지만 하나님에게는 야곱을 성화시킬 좋은 기회다.

홀로 남았더니 **창 32:24**

야곱은 지금 철저하게 고독하다. 식솔들을 먼저 보내고 뒤에 혼
자 남은 것이다. 그런데 이마저 참 간악하다. 여차하면 혼자 달아
날 태세가 아닌가. 이런 남자를 얻으려고 라헬과 레아는 그토록
싸웠단 말인가. 밧단아람에 그만한 사람이 없었단 말인가. 특히 레
아는 남편에게 무시당하면서 어떻게 아들 여섯을 낳고 키웠단 말
인가. 명색이 언약 가문의 사람이 어떻게 이토록 부끄럽단 말인가.

그런데 놀랍게도 하나님은 이렇게 철저히 고독해졌을 때, 자존
심이 철저히 무너졌을 때 찾아오신다. 치졸하고 못나고 부끄러운
내가 드러나 주변의 사람들이 외면할 때 하나님은 손을 내미신다.
하나님은 우리 아버지니까 그러신다.

아버지니까 져 주신다

야곱은 20여 년 객지 생활을 하는 동안 하나님을 떠났지만 하
나님은 한순간도 야곱을 떠나신 적이 없다. 한 번도 '야곱의 하나
님', '야곱의 아버지'를 포기하신 적이 없다. 야곱은 벧엘의 약속을
잊고 살았지만, 하나님은 한순간도 언약을 잊으신 적이 없다. 다만
언젠가 그 약속을 기억하고 돌아올 야곱을 인내로 기다리셨다. 그
리고 마침내 철저히 고독해진 야곱을 찾아와 만나 주셨다.

야곱과 씨름하다가 자기가 야곱을 이기지 못함을 보고 창 32:24-25

야곱이 하나님과 씨름하여 이겼다는 게 말이 되는가? 하기는 야곱과 경쟁해서 이긴 상대는 아무도 없다. 야곱의 술수와 꾀에 모두 당했다. 형도 아버지도 당하고 천하의 사기꾼 라반도 당했다. 부인들도 속아 살았다. 그리고 지금 하나님과 상대해서 밤새도록 싸우고 있다. 지독한 야곱이다.

아무리 그렇더라도 하나님이 야곱에게 밀리는 게 말이 되는가? 그렇게 보였다는 얘기다. 두 살짜리 아들과 씨름해서 지는 아버지가 어디 있겠는가? 하지만 두 살짜리 아들과 씨름해서 이기려는 아버지도 없다. 아들을 사랑하는 아버지라면 이기지도 지지도 않으면서 시간을 끌며 아들의 사기를 높일 것이다. 그러면 아들은 정말 자기가 힘이 세서 아버지를 이길 것처럼 덤빈다. 하나님 아버지도 이길 듯 질 듯 시간을 끌며 밤새도록 야곱을 상대해 주셨다. 전능하신 하나님으로 찾아오지 않으시고 아버지 하나님으로 찾아오신 것이다. 전능하신 하나님으로 찾아오셨다면 단번에 야곱의 무릎을 꿇리고 회개를 받아 내셨을 것이다.

성화는 회개에서부터 출발한다. 회개가 없는 성화는 없다.

'그동안 내가 하나님께 무심했구나. 하나님 제가 죄인입니다! 정말 미안해요.'

뜨거운 눈물의 회개가 성화의 출발선이다. 홀로 남은 밤, 처음에는 강도 같은 놈이 달려들기에 본능적으로 맞붙었다. 그러잖아도 두렵고 떨리고 미치겠는데 웬 놈이 달려드니 온 힘을 다해 상대했다. 객지에서 노동으로 단련된 몸이기에 힘으로는 야곱을 당할 사람이 없다. 그래서 몇 번 후려치면 정체불명의 사내가 도망갈 줄 알았는데 질 듯 질 듯하면서 끈질기게 싸움을 걸어온다. 이제 진짜 넘어가겠구나 하는 순간에 다시 오뚝이처럼 일어나 도무지 승패를 낼 수가 없다.

그때 스치듯 한 장면이 떠오른다. 오래전에 벧엘에서 만났던 하나님, 20년 전에 두려워 떨며 홀로 밤을 지낼 때 찾아오신 하나님. 그때나 지금이나 야곱의 상황은 두렵고 떨리며 고독하다. 하나님은 왜 이곳에 나타나셨을까? 20년 전의 언약을 배반한 대가를 치르러 오신 걸까? 그렇다면 죽이러 오신 거구나! 야곱은 그제야 덜컥 겁이 난다. 이제는 이기기 위해서가 아니라 죽지 않기 위해 하나님의 손을 꽉 붙들고 눈물로 통사정을 한다.

"제발 살려 주세요. 제가 잘못했어요. 장자의 신분으로 살지 못했어요. 언약의 후계자로 살지 못했고 축복의 통로로 살지 못했어요. 제발 한 번만 봐주세요! 기회를 주세요."

호세아 선지자는 이때의 상황을 이렇게 표현한다.

천사와 겨루어 이기고 울며 그에게 간구하였으며 **호 12:4**

처음엔 경계태세로 씨름판에 올랐으나 샅바를 잡는 순간 두려움이 몰려오더니 씨름이 길어질수록 경계심도 두려움도 사라지고 눈물이 나는 것이다. 지난 20년이 주마등처럼 스쳐 가면서 자꾸 눈물이 난다. 남들이 보기에는 야곱이 씨름의 승기를 잡은 것처럼 보였겠지만 정작 야곱은 너무도 힘겹게 밤새도록 매달리며 회개하고 있었다. 잘못했다고, 잘못 살았다고, 한 번만 살려 달라고, 기회를 달라고 회개의 통사정을 하고 있었다. 하나님을 넘어뜨리려 씨름을 시작했지만 이제는 하나님을 부둥켜안고 울고 있다. 누구의 품에서도 울지 않던 대찬 인생이 하나님의 품에서 울고 있는 것이다. 이렇게 눈물이 나고 회개가 되면 성화가 시작된다.

야곱의 허벅지 관절이 그 사람과 씨름할 때에 어긋났더라 **창 32:25**

하나님은 "알았다! 이거 놔라!" 하시는데도 야곱이 손을 놓지 않자 허벅지 관절을 쳐서 떼어 놓으신다. 허벅지 관절은 엉덩이의 우묵한 구멍, 넓적다리 부분의 움푹 파인 곳이다. 개역한글에는 '환도뼈'로 번역되어 있다. 한 대 쳤을 뿐인데 엉덩이뼈가 바스러졌다는 것이다. 이렇게 힘센 하나님이 밤새도록 져 주신 것이다. 왜? 회개를 끌어내려고, 야곱의 성화를 위해서!

브니엘에서 해가 돋다

야곱도 알았다. 하나님이 참아 주시지 않았다면 벌써 죽은 목숨이라는 사실을. 하나님이 훅 불어 버리면 그토록 집착하던 재물도 사람도 건강도 재능도 하루아침에 재처럼 사라져 버린다는 것을 야곱은 그제야 깨달았다. 그동안 하룻강아지 범 무서운 줄 모르고 덤비듯 세상을 살아왔음도 깨달았다. 그 순간 하나님의 배려와 사랑, 은혜가 밀물처럼 온몸을 싸안는다. 성화다. 싸움이 진정되었을 때 하나님이 물으셨다.

네 이름이 무엇이냐 그가 이르되 야곱이니이다 창 32:27

하나님이 이름을 몰라 물으신 게 아니다. 이름값은 하는데 장 자라는 신분 값은 못하기 때문에 물으신 것이다. 야곱이 울먹이며 자기 이름을 댄다.

"아시잖아요, 교활한 야곱입니다. 약속을 지키지 못하고 살아온 사기꾼 야곱입니다."

그가 이르되 네 이름을 다시는 야곱이라 부를 것이 아니요 이스라엘이라 부를 것이니 이는 네가 하나님과 및 사람들과 겨루어 이겼음이니라 창 32:28

하나님의 말씀을 풀어 보면 이런 것이다.

"알기는 하는구나. 알았으니 됐다. 너는 하나님과 겨루어 이긴 최초의 사람이다. 그래서 이스라엘이라는 이름을 준다. 앞으로 네 이름은 이스라엘이다!"

이스라엘은 '하나님과 씨름해서 이긴 사람'이라는 뜻이다. 놀라운 이름을 받아들고 야곱은 할렐루야! 했을까? 오히려 너무 송구스러웠을 것이다. 이겨서 이긴 것이 아니다. 하나님이 져 주셔서 이긴 것이다. 하나님이 약속을 지키지 않는 야곱, 언약의 계승자 신분으로 살지 않는 야곱을 힘이 없어서 보고만 계셨을까? 야곱과 맺은 언약을 지켜 주시기 위해 하나님은 져 주신 것이다. 야곱은 그 사실을 잘 알았다. 그래서 '하나님과 씨름해서 이겼다'는 이스라엘을 이름으로 받았지만 그는 이를 달리 해석한다. '하나님이 철이 들 때까지 져 주어서 이긴 자로 살아왔다.' 그렇기에 야곱은 눈물을 흘리며 이렇게 소리쳤을 것이다.

"이제는 하나님이 이기세요! 내 아집, 교만이 나를 이기지 못하도록 하나님이 이겨 주세요! 이제는 하나님이 나를 이기는 생활로 나아가겠습니다."

내 생애에서 하나님이 이기시는 것, 그것이 성화다. 이 순간이 야곱 인생의 터닝 포인트다. 터닝 포인트(Turning Point)는 경기의 승패를 좌우하는 분기점, 특히 그 원인이 된 플레이를 말한다. 삶의 방향을 바꾸어 놓을 만한 사건, 충격으로 무언가 바뀌는 시점, 갈림길, 혹은 전환점을 의미한다.

아침이 되었다. 야곱이 브니엘을 지날 때 해가 돋았고 허벅다리로 말미암아 다리를 절었다. 다리를 절다니, 타이밍이 너무 안 좋다. 20년 만에 돌아가는 고향 길이다. 그야말로 금의환향을 하는데, 혹여 에서가 공격한다면 도망쳐야 하는데 다리를 절게 하시다니…. 절체절명의 위기 앞에서 하필! 하나님이 너무하신 것 아닌가! 그러나 야곱은 하나님을 원망하지 않는다. 오히려 그 땅 이름을 브니엘이라 명한다. 브니엘은 '하나님의 얼굴'이라는 의미다. 하나님의 얼굴을 보고도 살았으니 누가 나를 해하리요, 설령 내가 죽어도 모든 것을 다 빼앗겨도 하나님의 사랑과 용서를 받았으니 여한이 없다, 그런 마음인 것이다.

그가 브니엘을 지날 때에 해가 돋았고 창 32:31

이 말씀은 야곱의 마음 상태를 보여 준다. 두렵고 떨렸던 마음이 해가 돋은 것처럼 밝아진 것이다.

'하나님 내 다리 잘 치셨어요. 이거 안 치면 보나 마나 제가 다

시 그렇게 살 겁니다. 하나님 잘하셨어요.'

이게 야곱의 성화가 시작된 증거다. 인생의 반환점에서 야곱은 드디어 성화를 시작하게 된 것이다. 100세가 넘어 마침내 성화를 시작한 야곱, 그가 해냈다면 우리도 얼마든지 성화될 수 있다.

내면의 드라빔을 꺼내 놓으라

야곱은 첫사랑 라헬을 얻고 천하를 얻은 듯이 기뻤지만 그때부터 인생이 꼬이고 더 험난해졌다. 야곱이 험한 세월을 살도록 한 여인, 라헬은 누구인가?

거짓과 속임수의 선수

야반도주한 야곱을 라반이 추격하고 있다. 어린 식솔들도 있다 보니 야곱의 도주는 생각만큼 진도가 나가지 않는다. 마침내 라반에게 따라잡힌 야곱. 그런데 웬일인지 라반은 야곱에게 아무런 위해를 입히지 않는다. 이유가 무엇인가? 하나님이 개입하셨기 때문이다. 전날 밤, 추격하는 라반의 꿈에 하나님이 나타나셔서 그냥 보내 줘라 했던 것이다(창 31:29). 라반은 야곱을 따라잡긴 했으나 어떻게 하지 못하고 다만 왜 내 신(神)을 도둑질했느냐고 따진다 (창 31:30).

라반이 말하는 '신'은 드라빔이다. 드라빔(Teraphim)은 가정 수호신을 말한다. 메소포타미아 지방에선 드라빔을 다산과 풍요를 가져다주는 신이라 하여 집에 모셔 두었는데, 아버지의 드라빔을 소유한 자는 재산을 상속받는 풍습도 있었다. 라반은 그 드라빔을 야곱이 훔쳤다고 따지는 것이다. 그러나 드라빔을 훔친 자는 야곱이 아니라 라헬이었다. 라헬은 낙타 안장에 드라빔을 숨기고 깔고 앉아서는 아버지에게 생리 중이라 일어설 수 없다고 둘러댄다. 라헬의 뻔뻔함이 야곱 못지않다. 야곱도 형의 것을 훔쳤고 아버지를 속이지 않았던가. 라헬의 거짓말은 아버지 라반에게서 온 것이다. 거짓말과 도둑질에서 라반이야말로 이들 중 가장 윗길이다.

야곱은 물론 라헬까지 거짓말과 도둑질의 선수이니 야곱 가문에 거짓과 속임수가 내력이 되는 것은 시간문제다. 아무리 가나안 땅에 돌아간다 해도 언약 집안엔 거짓말이 난무할 것이다. 언약 가문은 그래선 안 된다. 하나님의 언약을 받은 가문은 그래선 안 된다. 하나님의 약속의 특징은 신실함이다. 하나님은 변함이 없으시며 당신에게 해로울지라도 절대 언약을 취소하지 않으신다. 그런데 그 하나님이 언약으로 세운 이 집안에 야곱과 라헬로 인해 거짓과 속임수가 심기고 있다. 실제로 야곱은 훗날 자식들로부터 보기 좋게 속임을 당한다. 형들이 요셉을 애굽에 팔아 놓고 짐승에게 잡아먹혔다고 거짓말로 아버지를 속인 것이다.

거짓말의 생명은 끈질기다. 지금 시대는 그보다 더한 거짓말을 밥 먹듯이 한다. "거짓말에는 세금이 안 붙는다. 그러므로 온 나라에 거짓말이 넘쳐 나고 있다"는 독일 속담도 있다. 미국의 소설가

인 마크 트웨인(Mark Twain)도 "누구나 거짓말을 한다. 매일 매 시간, 자나 깨나 꿈속에서나 즐거울 때나 슬플 때나, 입을 다물고 있으면 손이, 발가락이, 눈이, 태도가 거짓을 전할 것이다"고 말했다.

그렇지만 하나님을 믿는 우리는 정직을 생명으로 삼아야 한다. 정직이 성화다. 정직이 없는 성화는 무늬만 성화요 거짓된 성화다. 도산 안창호는 "기독교인들은 농담으로라도 거짓말을 말라"고 했다. 크리스천은 신뢰의 대상이다. 약속에서, 돈에서 믿을 만하다는 소리를 들어야 한다. 자녀에게 '정직'이라는 최고의 유산을 물려주어야 한다.

내가 성화를 꿈꾸면서도 정직하지 못한 드라빔을 숨기고 있지는 않은가? 거짓말로 얼렁뚱땅 넘어가는 드라빔을 갖고 있지는 않은가. 정직하지 못한 드라빔을 청산해야 한다. 다윗처럼 정직한 영을 달라(시 51:10)고 기도해야 한다.

욕심이 과하다

어떻게 보면 처음부터 야곱은 라헬을 얻지 말았어야 했다. 결혼식 첫날밤에 라반이 신부를 바꿔치기 한 것은 일단은 악을 허용, 혹은 선용하시는 하나님의 섭리인지도 모른다. 레아는 수수한 여자였지만 라헬은 사치스럽고 욕심이 많은 여자다.

라헬이 왜 드라빔을 훔쳤을까? 라헬이 '도둑 딸년'이 된 것은 욕심 때문이다. 드라빔은 씨족의 표상물이다. 드라빔 소유자가 집안의 가장 큰 몫의 유산 상속을 받을 법적 권한이 있었다. 또한 씨족 내의 지도권을 행사할 수 있었다. 유대 역사가 요세푸스에 따르면 메소포타미아 사람들은 여행 시에도 드라빔을 가지고 다녔다고 한다. 그만큼 권리 행사가 가능한 힘이 있는 물건이었던 것이다. 요즘 말로 하면 일종의 인감도장 혹은 직인이라고도 볼 수 있다. 라헬은 아버지의 인감도장, 즉 집안의 직인을 훔친 것이다.

그렇다면 라헬이 드라빔을 훔친 까닭은, 아버지 라반 사후에 상속권이 남편에게 있음을 주장하기 위함이요, 친정 집안의 지도권을 획득하기 위한 포석이었다. 얼마나 영리한 여자인가? 장녀 레아는 아무 생각 없이 남편이 가자니까 따라가는데 라헬은 친정 재산까지 독점할 포석을 머리에 그리고 있는 것이다.

라헬이 기대하는 복은 하나님에게서 오는 선물이 아니다. 그렇기에 친정아버지까지 속이고, 나오지도 않는 생리까지 나온다면서 거짓말을 둘러대며 재물과 재산을 탐했다. 하지만 그녀는 시댁으로 가는 도중에 길에서 둘째를 낳다가 피를 흘리며 죽는다. 생리가 흘러 약대에서 내려갈 수 없다고 거짓말을 하더니 그 말처럼 피를 흘리며 죽었다. 그 때문은 아니겠지만 생리의 피와 출산의 피가 자꾸 오버랩된다. 둘 다 죽은 피, 사혈이지 않은가. 라헬은 자기 무덤을 스스로 판 것이다.

라헬은 야곱이 사랑한 여인이나 욕심이 지나쳤다. 아버지의 농간으로 비록 억울하게 처음 부인의 자리를 언니에게 내줘야 했지만, 그럼에도 언니에게 정당한 권한을 내주어야 했다. 하지만 라헬은 남편을 독점하기 위해 언니와 척을 진다. 심지어 언니를 시기하고 질투하며 "자식을 낳게 하지 않으면 내가 죽겠다"고 몽니를 부린다(창 30:1). 억지와 욕심을 부린다고 원하는 것을 얻었을까.

정작 드라빔에 눈독을 들여야 할 사람은 큰딸 레아다. 남편의 고향에 따라가 봐야 찬밥신세가 될 게 뻔했다. 야곱의 마음을 얻는 것은 이미 포기한 상태다. 친정 재산의 보험증서라 할 만한 드라빔을 갖고 있어야 그나마 남편이 함부로 하대하지 못할 것이다. 하지만 레아는 욕심을 부리지 않는다. 거짓과 속임수를 쓸 엄두도 내지 않는다.

라헬은 그토록 욕심을 부리더니 결국 허무하게 죽고 말았다. 라헬이 낳은 두 아들 요셉과 베냐민은 형들로부터 왕따를 당했다. 요셉은 형들에게 팔려 애굽에서 13년간 죽을 고비를 여러 번 넘겼고, 베냐민은 형도 없이 홀로 외로운 세월을 보내야 했다. 엄마의 욕심이 낳은 결과다.

하나님을 믿는 사람은 물질이 하나님의 소유이며 하나님의 통치권을 받는다는 물질관을 가져야 한다. 부모가 그러한 물질관을 자녀에게 보여 주며 사는 것이 최고로 가치 있는 유산을 남겨 주는 것이다. 숨겨진 나의 드라빔을 내놓고 하나님께 맡겨야 한다. 드라빔을 드러내지 않고 성화는 없다.

라헬의 모순

드라빔은 예배의 도구(호 3:4, 삿 17:5)다. 성경은 '우상'이라 한다 (삼상 19:13, 16). 드라빔은 행운을 가져오는 점을 치는 기구로 사용되었다. 라헬은 위험한 여행에서의 안전을 보장받기 위해 주술적인 목적으로 드라빔을 훔친 것 같다. 한마디로 라헬은 드라빔을 복의 근원으로 여겼던 것이다. 그러면서도 생리 중인 하체로 집안의 수호신을 깔아뭉개고 앉았다. 신성모독이 따로 없다. 똑똑한 사람들이 보이는 어리석음이다.

대한민국의 온갖 혜택은 다 받으면서도 헬조선, 지옥조선이라면서 깔고 뭉갠다면 앞뒤가 맞지 않는 처사다. 담임목사에게서 영적 꼴을 공급받으면서도 그 목사를 깔고 뭉개는 것도 마찬가지다. 그렇게 소중한 것을 깔고 앉아 허구한 날 험담이나 하고 세상 탓이나 하고 있으면 성경을 다독하고 아무리 기도해도 절대 성화가 되지 않는다. 위장된 성화의 생애를 살 뿐이다.

라헬이 드라빔을 '거룩한 신성'으로 모시면서도 급하면 깔고 앉아 버리는 태도, 승리를 위해 하나님의 원칙을 포기하면서까지 법궤를 전쟁터로 내모는 엘리 아들들의 모습…. 오늘 우리에겐 이런 모습이 없는가? 거룩한 여호와의 이름을 허물을 숨기고 게으름을 포장하는 데 이용하고 있지 않은가? 그렇다면 여호와의 이름을 깔고 앉은 것과 같다.

라헬은 인생의 생사화복이 누구에게 있는 줄 몰랐다. 그저 짧은 인생을 살았으면서 이스라엘에 드라빔 우상을 섬기는 그릇된 악

습만 물려주었다(슥 10:2). 한 여인의 그릇된 생각과 욕심이 한 가정
만 아니라 이스라엘 공동체에 비극을 가져온 것이다.

　야곱은 아내의 드라빔을 묵인한 후 더욱 험한 세월을 보내게
된다. 디나의 성폭행 사건을 겪고 나서야 드라빔을 청산하자고 했
지만 그때까지도 라헬의 마음에 숨긴 드라빔은 청산되지 않았다.
결국 하나님은 야곱 가문이 누려야 할 영광의 축복을 위해 라헬을
죽게 한다. 라헬이 오래 살았다면 드라빔의 그릇된 종교 행태는
더욱 이스라엘을 좀먹었을 것이다.

　우리도 내면에 있는 라헬의 드라빔을 꺼내야 한다. 믿음의 이름
으로, 자식을 사랑한다는 부모의 이름으로, 성공이라는 이름으로,
교회 부흥이라는 이름으로 숨겨 놓은 드라빔을 꺼내야 한다. 그리
고 야곱 가족처럼 모든 우상적 요소들을 땅에 묻고(창 35:4) 벧엘로
올라가야 한다. 이런 청산이 없이는 절대로 성화가 일어나지 못한
다. 성화가 동반되지 않는 믿음은 거짓이다.

성화를 먹는 하마, 트라우마

야곱은 원치 않은 상황에 떠밀려 얍복강 특별기도회에 참석했다. 뜻밖에도 그 밤에 하나님을 강사로 모시고 엄청난 은혜를 받았다. 눈물 콧물까지 흘리면서 회개하고 은혜받고 이스라엘이라는 새 이름까지 얻었으면 뭔가 성화가 나타나야 하는데 변화라고는 다리를 저는 것밖에 없다. 밤새도록 흘렸던 회개 눈물이 잘 연출된 쇼는 아닐 텐데도 아직 행동이 변화되지 못하고 있는 것이다.

야곱은 은혜를 받고 새 이름을 받은 후, 은혜받은 땅의 지명을 '브니엘', 즉 '하나님의 얼굴'이라고 지으면서 감격해 마지않았다. 하지만 형 에서를 만나기 위한 채비를 하면서 보여 준 부인과 자식들의 대형을 보라(창 33:1-3). 여종과 그 자식들은 일선에 세운다. 여종이라면 실바와 빌하를 말하며 그 소생은 단과 납달리, 갓과 아셀이다. 2선에는 레아와 여섯 명의 아들들, 르우벤 시므온 레위 유다 잇사갈 스불론을 세우고, 후미에는 라헬과 요셉을 세운다. 사랑하는 아내와 자식일수록 안전한 자리에 배치한 것이다. 아직도 버리지 못한 야곱의 뿌리 깊은 편애를 본다.

더 이상 기다리시지 않는 하나님

하나님께 맡긴다고 했지만 만약의 사태에 대비하여 여차하면 튈 생각으로 가득한 야곱. 에서의 용병이 공격하면 여종과 그 소생들을 희생물로 삼고 자신은 가장 마지막에 세운 라헬과 요셉을 데리고 도망칠 궁리다. 걸핏하면 이런 꼼수를 부리니 성화가 더딜 수밖에 없다.

야곱은 다음 날로 형을 만난다. 하나님께 은혜받고 회개하니 놀랍게도 형이 달려와 반갑다며 안고 운다. 쇼가 아니다. 에서는 다혈질이지만 화끈한 성격이다. 오랫동안 헤어져 살던 동생을 보는 순간 모든 원한과 살의가 눈 녹듯 사라져 버렸다. 하나님이 얼음 같았던 에서의 마음에 은혜와 사랑의 온기를 심어 주셨기 때문이다. "사람의 행위가 여호와를 기쁘시게 하면 그 사람의 원수라도 그와 더불어 화목하게 하시느니라"(잠 16:7)는 말씀이 이루어진 것이다.

여기서 야곱은 하나님의 은혜를 더욱 체험한다. 하나님 앞에 회개하고 바로 서려고 마음을 먹었더니 형의 분노가 누그러져서 그를 용서한 것이다. 에서는 오히려 세일 땅으로 함께 가서 살자고 제안하기까지 한다. 야곱은 천천히 뒤따라가겠다고 정중히 사양한다. 호의를 사양한 이유가 있다.

야곱이 가려는 목적지와 형의 목적지가 달랐다. 하란을 떠날 때부터 야곱의 목적지는 아비가 살고 있는 가나안 땅 헤브론이다(창 31:18, 35:27). 그곳이 약속의 땅이다. 에서는 약속의 땅에서 떠나 세일에서 살고 있기에 따라갈 수가 없다. 에서가 추구하는 삶의 목표와 자세는 함께할 수가 없다. 형은 가나안 여인을 아내로 맞아 부모님에게 마음의 근심이 되었다(창 26:34-35). 그렇게 살 수는 없어 거절한 것이다.

야곱은 숙곳에 거처를 정하고 우릿간을 만든다. 방목에 의존하던 가나안에서 주택 장만은 장기간 머무르겠다는 심산을 나타낸다. 하지만 야곱에게 필요한 것은 숙곳이 아니다. 벧엘에서 가나안을 시작해야 한다. 20년 전 벧엘에서 하나님을 만났을 때 서원한 것이 있기 때문이다.

> 내가 평안히 아버지 집으로 돌아가게 하시오면 여호와께서 나의 하나님이 되실 것이요 내가 기둥으로 세운 이 돌이 하나님의 집이 될 것이요 창 28:21-22

야곱의 간구대로 야곱은 밧단아람에서부터 평안하게 귀향했다. 하나님이 라반과 에서의 위협에서 보호해 주심으로 약속을 지켜 주셨다. 야곱도 약속을 지켜야 한다. 하나님의 신실하심에 감사하며 벧엘에서 제단을 쌓고 약속을 지켜야 하는 것이다.

야곱은 하나님과의 정상적인 관계를 자꾸 뒤로 미룬다. 최우선 행동 목표가 하나님과의 관계 회복인데 땅과 집을 장만한 다음에, 우릿간을 짓고 난 다음에, 이웃과 말문을 트고 난 다음에 하고 자꾸 미룬다. 야곱은 아직도 자기가 우선이다.

하나님은 밧단아람에서 언약을 잊고 살아가는 것은 두고 보셨지만, 언약의 땅에서만큼은 야곱을 수수방관할 수 없었다. 야곱의 성화에 개입하셔서 속도를 내기 시작하신 것이다. 그런데 그것이 참으로 애석하게도 외동딸 디나의 성폭행 사건이 되고 만다. 딸에 게 닥친 불행은 아비인 야곱으로선 너무 뼈아팠을 것이다.

아버지 대신 딸을 치다

레아의 딸 디나가 세겜 여자들을 보러 나갔다. 창세기 30장 21- 24절과 37장 2절을 근거해 디나의 나이를 생각해 보면 13~15세가 량이었을 것이다. 당시 근동 여자들이 12세를 전후로 결혼했던 것 을 고려하면 디나는 혼기에 든 아가씨다. 그런 디나가 세겜 추장 에게 성폭행을 당한다. 사건은 여기서 끝나지 않고 더 심각하게 전개된다. 디나의 동복 오빠들, 즉 시므온과 레위가 여동생의 일로 보복하기 위해 세겜성의 남자들을 몰살한 것이다. 디나의 성폭행 사건이 있은 후 야곱 집안과 세겜 집안 사이에 혼인 이야기가 오 가던 중에 디나의 오빠들이 할례를 행하면 혼인을 허락하겠다고 하고는 세겜 사람들이 할례를 받아 누워 있는 틈을 타 모두 몰살 해 버린 것이다. 비겁한 보복이었고 원주민의 벌집을 쑤신 위험천 만한 도발이었다. 야곱이 뒤늦게 그 소식을 들었다.

너희가 내게 화를 끼쳐 나로 하여금 이 땅의 주민 곧 가나안 족속과 브리스 족속 에게 악취를 내게 하였도다 나는 수가 적은즉 그들이 모여 나를 치고 나를 죽이 리니 그러면 나와 내 집이 멸망하리라 **창 34:30**

야곱의 고질적인 이기심이 나온다. 야곱은 한마디로 자기밖에 모르는 인간이다. 외동딸이 성폭행을 당했다. 딸의 명예와 상처를 회복하기 위해서라면 아버지가 분연히 나서야 했다. 설령 나서지 못해도 아들들에게 방법은 틀렸지만 너희 입장도 이해가 간다고 먼저 말해 주고 삼십육계 줄행랑을 놓든가 해야 했다. 하지만 야곱은 아들들에게 버럭 화부터 낸다. 야곱의 불호령에는 '내'가 일곱 번 나온다. '나' 보호에 급급해서 딸은 안중에도 없다. 누이의 참담한 비극에 대한 오라비의 분노는 염두에도 없다. 오직 내 목숨, 내 재산, 내 명예, 내 자존심밖에 관심이 없다. 성화는 나를 겨냥할 때 일어나는데, 야곱은 그러지 못했다. 자기밖에 모르는 아버지를 둔 외동딸 디나가 안쓰럽다. 이번만큼은 아들들이 잠잠할 수 없다. 아버지에 대한 불만을 면전에서 터트린다.

그가 우리 누이를 창녀같이 대우함이 옳으니이까 창 34:31

두 아들의 항의에 야곱은 진중하게 귀를 열어 들어야 했고 온몸에서 나오는 아들들의 분노를 읽어야 했다. 그들은 이렇게 에둘러 말하고 있는 것이다.

'우리 누이가 창녀같이 대접을 받았는데 아버지는 자신만 생각하십니까? 우리는 그 아이의 오라비입니다. 오라비는 목숨을 걸고서라도 누이의 명예를 지켜 주어야 합니다! 만약 이번 사건의 당사자가 요셉이고 우리가 그런 식으로 요셉을 구해 왔었대도 아버지가 야단치시겠습니까?'

두 아들의 항의에는 이런 비난이 숨어 있다. 여기에서 야곱 집안에 흐르는 아픔, 그나마 야곱을 꾸준히 성화의 자리로 나아가게 하는 그 아픔을 떠올리지 않을 수 없다.

온 가족의 고통, 트라우마

트라우마(trauma)란 '정신적 외상, 영구적인 정신장애를 남기는 충격'을 말한다. 디나가 당한 성폭행은 일방적 폭력이기에 심각한 트라우마를 남긴다. 당사자만 아니라 가족 전체에 트라우마를 남긴다. 사실 야곱의 일생이 트라우마 인생이다. 형에게서 느낀 살해 위협과 두려움, 결혼식 날 신부를 바꿔치기당한 충격은 야곱에게 쉽게 치유될 수 없는 트라우마였다. 거기다 외동딸의 성폭행까지…. 자식들에겐 자기밖에 모르는 못난 아버지이지만 야곱 개인으로 보면 일생이 트라우마로 점철된 불쌍한 사람이다.

하지만 두 아들 시므온과 레위 역시 목숨을 걸고 누이의 원수를 보복했거늘 칭찬은커녕 화를 내는 아버지로 인해 정신적 외상, 트라우마를 겪게 된다. 심한 트라우마를 겪은 사람은 고통스러운 순간에 사로잡혀 지난날의 행복, 긍정적 감정들을 인식하지 못한다. 인간의 뇌는 한쪽 방향으로만 편향되어 부정적 생각과 감정에만 사로잡히는 것이다. 그래서 시간이 지날수록 트라우마의 기억이 희미해지는 것이 아니라 오히려 부정적인 영향에 압도당한다. 특히 성폭행을 당한 사람은 트라우마로 인해 무기력증에 빠진다. 분노 죄책감 죄의식 우울증 불면 불안증 수치심…. 이 악순환의 고리를 끊고 트라우마에서 벗어나려면 원인이 자기 잘못이 아니라는 믿음이 생겨야 한다.

야곱의 남자들은 디나의 트라우마를 더 악화시키고 있다. 오빠들은 누이의 아픔을 공감하고 위로하는 대신 폭력적인 방법으로 일을 더 복잡하게 만들고 있다. 아버지는 딸의 고통은 안중에도 없고 자기 살 궁리만 하고 있다. 디나와 같은 피해자에게는 가족 간의 소통과 사랑이 필요한데 가족은 디나가 트라우마를 극복하는 데 전혀 도움이 되지 못하고 있는 것이다.

야곱의 네 부인들도 트라우마가 있다. 레아에게는 여동생 라헬이 트라우마이고 라헬에게는 불임증 트라우마가 있다. 실바와 빌하에게는 여종 출신이라는 트라우마가 있다. 네 명의 여인들은 묘한 역학관계를 유지하며 불안한 동거를 하고 있다. 남편 야곱은 돈 버는 데만 관심을 쏟느라 남편인지 주인인지 사장인지 모르겠다. 그의 존재는 그녀들에게 조금도 위로가 되지 않는다. 야곱도 그런 그녀들의 삶에 조금도 관심이 없다.

은희경은 소설《행복한 사람은 시계를 보지 않는다》에서 여인들의 아픔을 이렇게 말한다.

"비둘기 암컷은 수컷한테 그렇게 헌신적이래. 그런데 일찍 죽는단다. 자기도 사랑받고 싶었는데 주기만 하니까 허기 때문에 속병이든 거지. 사람도 그래. 내가 주는 만큼 사실은 받고 싶은 거야. 그러니 한쪽에서 계속 받기만 하는 건 상대를 죽이는 짓이야."

그랬다. 여인들은 사랑에 허기졌고 속병이 들었다. 나름대로 트라우마를 안고 사는 것이다. 언약 가문에 트라우마라니! 이런 집안을 만들려고 야곱은 형의 언약을 빼앗지는 않았을 것이다.

하나님이 야곱 집안의 트라우마를 치료하려 다시 개입하신다. 트라우마를 갖고는 성화되기 힘들다. 트라우마는 성화를 잡아먹는 '물먹는 하마'다. 지금 이 집안에서 가장 극심한 트라우마를 겪는 사람은 디나이지만 야곱의 트라우마는 그보다 뿌리가 깊다.

야곱은 아브라함 언약의 계승자다. 지금은 언약의 땅에 들어왔다. 언약의 사람이 신성한 땅에서, 더구나 온 가족이 트라우마로 인해 고통을 겪고 있는 것이다. 하나님이 야곱 집안의 트라우마를 치유하기 위해 찾아오신다. 트라우마가 있는 한 눈물 콧물을 쏟으며 회개하고 은혜받아도 성화되는 데 한계가 따른다.

하나님이 야곱에게 이르시되 일어나 벧엘로 올라가서… 제단을 쌓으라

창 35:1

하나님이 벧엘로 올라가라 명한 것은 야곱이 서원한 것을 이행할 때가 되었음을 일깨워 주기 위함이다. 더욱이 하나님은 언약의 후손들이 세속에 휩쓸려 당신의 명예를 실추시키는 상황을 더 이상 좌시하실 수 없었다. 은혜의 처소 벧엘로 부르셔서 그들과 바른 관계를 맺을 필요가 있었다.

마침내 인생 하프타임을 갖다

야곱은 하나님의 마음을 알았다. 하나님이 더 이상 기다려 주시지 않는다는 것, 이번 기회를 놓치면 다시는 기회가 없다는 것을 알았다. 그래서 즉각적인 행동에 돌입했다. 그만큼 그들이 처한 상

황은 매우 위험했다.

행동 1. 이방 신상을 버리라! 라헬은 드라빔을 소유 중이다(창 31:19). 노비 중에도 우상 숭배자가 있었을 것이다. 세겜의 약탈물에도 우상 조각품이 있었을 것이다. 그걸 버리라고 명한다.

행동 2. 자신을 정결케 하라! 몸과 마음의 동시적 정결을 말하는 것으로 이것은 하나님과 관계 맺는 자에게 가장 절실히 요청되는(레 11:45) 헌신과 순종의 행위다.

행동 3. 의복을 바꾸라! 의복은 자신의 신분과 생각이 어디에 있는가를 보여 준다. 의복을 바꾸라는 것은 현재의 삶과 신분을 벗어던지고 새로운 삶으로 전진하라는 촉구다.

그러고 나서 야곱은 말한다.

"우리가 일어나 벧엘로 가자."

야곱의 외침은 파란만장했지만 언제나 자신과 함께하신 하나님의 은혜를 떠올리며 하나님의 언약을 다시금 되새기는 외침이다. 누구보다 야곱 자신에게 신앙의 결단을 촉구하는 외침이다. 이외침은 수천 년 동안 하나님의 백성들의 신앙 회복 운동의 모토가되어 왔다. 야곱 족장과 가족들은 벧엘에서 단을 쌓고 여호와의이름을 부른다.

"하나님, 접니다! 사기꾼 야곱입니다! 20년 전의 약속을 이제야 그것도 죽는 게 무서워 지키려고 왔습니다. 객지에서 먹고사는 게바빠 하나님도 모르고 예배도 모르고 십일조 약속도 모르고 살아왔습니다. 그 결과, 이제 또 위기에 처하게 되었습니다. 하나님."

제단에 엎드린 야곱의 눈물은 억울함과 증오의 눈물이 아니라 회개와 감사의 눈물이다. 남편이 우니까 아내들도 서로 부둥켜안고 운다. 엄마들이 우니까 자식들도 하나가 되어 운다. 야곱의 눈물은 깊은 곳에 박혀 있던 그의 트라우마를 적시기 시작한다. 트라우마라는 견고한 성벽에 균열을 낸다. 아직도 성화는 멀었고 여전히 인간적인 냄새를 풍기겠지만 야곱은 분명 성화의 방향으로 몸을 틀고 있다. 조금 느려서 답답하지만 그래도 굼벵이 성화가 가속도가 붙으면 호랑이의 달음박질로 변하게 될 것이다.

우리에게도 트라우마가 있다. 그 아픈 상처를 치유할 때 성화가 일어난다. 우리가 결심하면 하나님이 도와주신다. 하나님은 손 내미는 이들을 결코 뿌리치지 않으신다. 우리 가운데 오셔서 상처를 꿰매고 고통을 싸매시는 치유의 하나님이다.

외동딸 디나의 성폭행 사건과 두 아들의 원주민 부족 몰살 사건은 야곱의 질주에 제동을 걸고 드디어 야곱으로 하여금 인생의 하프타임을 갖게 한다. 이 시간은 야곱은 물론 가족의 트라우마를 싸매는 시간이 된다.

나도 속고 남도 속이는 상상성화

'상상임신'이라는 말이 있다. 임신하지 않았는데 임신했다고 지레 믿고 실제로 임신했을 때의 몸의 변화가 나타나는 것을 말한다. 임신을 간절히 원할 때 이런 맹랑한 일이 벌어진다. 그러니 철석같이 믿고 있던 임신이 상상에 불과했다는 걸 알게 되었을 때 얼마나 낙심이 되겠는가. 그래서 상상임신임을 인지한 여성이 우울증에 걸리는 경우가 많다.

상상임신은 오래된 기록이 있다. 기원전 300년경 '의학의 아버지' 히포크라테스가 상상임신 증상을 보이는 12명의 여성을 진료했다는 기록이 나온다. 역사상 가장 유명한 상상임신은 블러디 메리(Bloody Mary, '피의 메리')라 불리는 영국의 메리 1세다. 여왕은 여러 차례 임신을 믿었으나 실패하자 심한 좌절감에 빠지는데, 이런 실망감이 '피의 여왕'으로 불릴 만큼 폭정을 하게 만들었다는 해석도 있다.

믿음의 두 축을 이루는 구원과 성화에도 '상상구원'이 있고 '상상성화'가 있다. 구원을 받지 못했음에도 구원을 받은 것으로 상상하고 성화가 멈추었는데도 잠시 감동받는 것으로 성화 중이라고 착각하는 것이다. 이게 속고 속이는 믿음이 된다. 일종의 종교적 환영이다.

상상구원

진실한 크리스천들의 참 구원은 고백 신앙으로 얻게 된다.

"하나님, 제가 죄인입니다. 제게는 구원받을 만한 선한 행위가 없습니다. 주 예수님만 의지합니다."

이것이 하나님 앞에서 심령이 가난해지는, 거지 자세다. 예수님은 팔복에서 거지 자세가 하나님 앞에서 취할 태도라고 가르치셨다. 바리새인들은 자기 의(義)에 빠진 자들이다. 이는 '나처럼 해 봐라. 왜 나만큼 못하느냐?'며 자기 행위를 신뢰하는 것이다. 이들은 구원과 복을 하나님과 거래해서 받으려 한다. 마치 은행에 저금한 100만 원을 당당히 요구하는 것과 같다. 이들은 이렇듯 하나님과 거래만 할 뿐이지 감사와 은혜가 없다. 그래서 바리새인들에게는 자비와 긍휼이나 기쁨이 없다. 예법에 밝고 제사도 완벽한 절차를 따라 드리지만 늘 심각했고 상대방의 허물을 눈감아 주지 못한다. 그러면서도 자기 잘못에는 관대하다. 교회에도 이런 사람들이 있다.

구원은 오직 고백 신앙에만 근거한다. 여기에 행위나 조건은 없다. 죄인임을 고백하고 하나님의 선물이신 예수님을 구세주로 영접하면 1초 만에, 찰나(?)에 구원을 받게 된다.

어떤 사람이 죽기 하루 전에 주님을 영접했다. 그의 인생 65년 동안 하나님과 상관없이 살다가 단 하루 믿음의 성지로 들어왔다. 이런 사람도 구원받는가? 성경은 그렇다고 말한다. 행동이 수반되지 않아도 마음으로 믿고 입으로 고백하면 구원을 받는다. 행위 구원을 가르치는 입장에서는 죽기 하루 전에 믿고 구원을 받는다는 것은 있을 수 없다. 그들에게 이런 구원은 상상구원에 불과하다.

그러나 1억 원짜리 보험을 들고 딱 하루 지났는데 질병이 나타났다. 그러면 보험회사에서 1억 원을 지급하지 않을까? 보험은 계약서에 서명하고 본사에서 계약이 성사되었다고 통보를 하면 1초만 지나도 전액을 수령할 수 있다. 계약 조건이 그렇기 때문이다. 구원도 이와 같다.

기독교의 구원은 보험이지 적금이 아니다. 보험은 얼마를 냈는지와 상관없이 동일한 금액을 지급한다. 하지만 적금은 내가 부은 만큼 지급한다. 만기까지 채우면 이자가 그만큼 많아질 뿐이다. 그래서 적금은 복된 소식이 아니다. 내 돈을 내가 받았기에 감사할 일이 아니다. 적금을 들어 놓고 발병을 해서 거금을 수령할 것으로 착각하는 것이 상상보험이다. 보험은 10만 원을 부었어도 1억 원을 탄다. 그래서 복된 소식이 된다. 구원도 마음으로 믿고 입술로 시인하면 영혼과 육체가 순간에 구원받게 된다. 구원은 복음인 것이다.

가짜 복음에 속지 말라

갈라디아 교회는 보험을 적금으로 이해한 것 같다. 그들은 율법을 완벽히 지킬 때 의인이 된다는 바리새인의 가르침을 당연한 것으로 믿다가 마음으로 믿고 입으로 시인하기만 하면 구원의 선물을 주신다는 바울의 가르침에 환호했다. 그러나 바울이 떠나고 율법주의자들이 짝퉁 복음을 들고 와서 그들을 교란했다. 십자가로 구원의 길이 열렸어도 행위가 뒷받침되지 않으면 구원받을 수 없다고 가르친 것이다. '믿음+행위=구원'이라는 등식은 상당히 논리적이고 설득력 있다. 왜 안 그러겠는가. 50년 모태신앙도 아직 구원에 대한 확신이 없는데 예수님을 믿고 하루밤에 안 된 사람이 구원을 받는다니, 도무지 납득이 안 된다.

"그건 말도 안 된다! 그런 식으로 믿어서 갈 거라면 하늘나라 가치가 너무 떨어지지 않겠나? 학습도 받고 세례도 받고 교회를 위해 해놓은 일도 있어야지. 구원에도 염치가 있어야지."

믿기만 하면 구원을 받는다는 복음을 듣고 정말 뛸 듯이 기뻤는데, 누군가 이렇게 반박하니 마음이 흔들린다.

'아버지는 천국에 가지 못했구나. 천국 환송 장례식은 상상 환송식이었구나….'

아버지가 죽기 전날에 믿음을 고백하고 구원받아 천국에 갔다고 좋아하던 가족들은 이렇게 낙심을 한다. 갈라디아 교회도 거짓 교사들의 짝퉁 복음에 넘어가 낙심이 되었다.

'그래, 예수님이 나를 위해 십자가에서 죽으셨지만 내가 아무것도 하지 않고 죄 사함을 얻고 천국 가는 것은 너무 뻔뻔한 거야. 천국 길을 열어 주신 것만도 감사하니, 노력해서 구원받아야지.'

상당히 정상적인 사고다. 그래서 갈라디아 교회는 거짓 교사들의 가르침에 쉽게 넘어갔다. 갈라디아 교회의 짝퉁 복음, 잘못된 가르침을 바로잡으려 보낸 편지가 갈라디아서다. 바울은 "스스로 속이지 말라 하나님은 업신여김을 받지 아니하시나니"(갈 6:7)라며 율법으로 구원받는다는 가르침은 스스로도 속고 하나님을 업신여기는 일이라고 선언한다.

구원을 자기 행위로 얻으려는 이들은 상상구원으로 나도 속고 남도 속이는 것이다. 상상임신은 처음부터 임신이 아니다. 태 속에 씨가 없음에도 임신으로 착각하고 배가 불러 오고 이미 엄마가 된 듯 뿌듯해하지만 나도 속고 남편도 속은 것일 뿐이다. 이런 영적 사기행각에 넘어가지 못하도록 바울은 잘못된 구원관에 속지도 속이지도 말라고 경고하고 있다.

우리 역시 선행을 베풀고 그 대가로 구원을 받는다는 상상구원을 하고 있는 건 아닌가? 주님 앞에 뭔가 업적을 남기고 그 대가로 천국에 가려는 행위구원을 상상하고 있지 않은가? 그런데 바울은 이런 행위구원이 하나님을 업신여기는 것이라고 지적하고 있다.

상상구원이 아니라 진짜 구원을 받으려면 성경이 말하는 구원을 믿으면 된다. 예수님이 구세주가 되심을 믿으면 진짜 구원을 받는다. 그것 외에 구원을 위해 개인적으로 치를 대가는 없다. 만약 구원을 위해 대가를 지불해야 한다면 그것은 가짜다.

상상성화

'천국에 들어가는 자격을 문제 삼지 않겠다', '무조건 예수님을 믿기만 하면 구원을 받는다' 하는 이런 구원관은 비방거리를 제공하는 데 충분하다. 예수님을 믿는 사람들이 구원을 받았다면서 행동은 엉망이다. 비신자들보다 더 못되게 굴면서도 "나는 구원받았다. 하나님이 나를 축복해 주셨다" 하고 선택받은 선민의식을 내세운다. 그런데 예수님은 자기 의에 빠진 바리새인의 율법주의를 비판하시면서 동시에 율법의 중요성을 강조하셨다.

"너희 의가 바리새인들보다 낫지 않으면 결단코 천국에 들어갈 수 없다!"

구원은 믿음으로만 받지만 성도로 살아가려면 바리새인들보다 더 반듯하게 살아야 함을 말씀하신 것이다. 구원은 공짜로 받지만 구원받은 사람에게는 바른 행위가 요구된다는 가르침이다. 야고보서는 예수님을 믿기만 하면 구원이 보장된 것이니 이생에선 대충 살자는 사람들에게 보낸 경고 편지다. 믿음으로 구원받을 뿐 아니라 구원받은 사람답게 살라 한 것이 예수님의 가르침인 것이다. 야고보는 세상에서 죄와 놀다가 교회에 와서 회개하는 삶을 되풀이하는 종교 행위가 곧 거짓 믿음이라고 꼬집는다.

스스로 속이지 말라… 사람이 무엇으로 심든지 그대로 거두리라 **갈 6:7**

바울도 믿음을 강조하면서 행위를 무시하지 않는다. 잘못된 행위는 거짓 믿음의 열매다. 행위가 곧 그 사람의 믿음이 진짜인지 가짜인지를 보여 준다. '무엇으로 심든지 좋은 것을 얻으리라'가

아니라 '심은 대로 거두리라'다. 나쁜 행위를 하더라도 하나님이
다 눈감아 주고 복 주신다고 알고 있다면 그것은 스스로를 속이는
일이다. 나도 속고 남도 속이는 사기를 치는 것이다.

한국 교회의 약점이 무엇인가? 상상 신앙생활이다. 믿음이 생
활로 열매를 맺는 것이 아니라 머릿속 상상으로 믿음 생활을 대체
한다. 설교를 많이 듣고 성경을 많이 알면 믿음 생활을 잘하는 줄
로 착각한다. 남의 간증에 은혜를 받고 눈물을 흘리면 그게 성화
인 줄로 착각한다.

말씀은 지키라고 주신 것이다. 설교도 듣고 지키라고 하는 것이
다. 그런데 듣기는 쉬우나 지키기는 어렵다. 그래서 머리로 이해한
것이 몸으로 내려오지 못한다. 관념적 신앙에 머물게 되니 생활
신앙이 없고 믿음이 공허할 수밖에 없다. 생활에 뿌리내리지 않는
믿음으로는 결코 성화를 일으키지 못한다. 행동으로 구원받으려
는 종교 생활은 얻을 수도 없는 상상구원이며, 행위가 없는 믿음
으로 성화로 나가려는 노력 역시 상상성화에 불과하다.

천국과 땅의 상급은 은혜의 분량도 있지만 대부분 행동, 성화
에 근거한다. 내가 어떻게 살았느냐로 성화가 진행되고 천국의 영
화(榮華)는 성화에 근거해서 이루어진다. 이것이 바로 바울이 말한
"사람이 무엇으로 심든지 그대로 거두리라", "육체를 위하여 심는
자는 육체로부터 썩어질 것을 거두고 성령을 위하여 심는 자는 성
령으로부터 영생을 거두리라"의 의미다. 물론 성령의 복음으로 시
작했다가 행위구원으로 끝나는 위험을 지적한 말씀이지만, 내가

주님을 위해 심어 놓은 것이 없이 좋은 것만을 바라는 공짜 심보, 자기희생 없이 눈물로 성화를 대신하는 뻔뻔한 삶을 지적하는 말씀이기도 하다.

그렇기에 구원은 믿음으로, 성화는 자기 부인, 자기희생이라는 대가로 가능하다. 바른 행동을 심어야 성화가 나타난다. 성화조차도 고백 신앙으로만 얻으려 한다면 상상성화로 끝나게 된다. 그것이 곧 나도 속고 남도 속이는 종교적 사기행각이다.

다시 요약해 본다. 상상임신은 임신했을 때 생기는 몸의 변화까지 나타나는 것으로 나도 속고 남도 속을 수밖에 없다. 세상 종교는 구원을 줄 수도 천국에 오르게 할 수도 없다. 그들은 상상구원을 하고 상상천국에 들어가는 착각을 할 뿐이다. 진짜 구원은 오직 고백을 요구한다. 믿음의 고백이다. 그 고백만으로 우리 구원은 상상이 아니라 진짜가 된다.

그러나 믿음의 열매, 성화는 고백만으로 되는 것이 아니다. 구원은 고백으로 받지만 땅에서의 성화 열매는 희생의 행위로 맺어진다. 이런 수고와 자기희생이 없이 고백만으로 성화를 기대한다면 그것은 상상성화로 끝나며 일생을 속고 살게 된다. 상상구원이 아니라 영혼이 구원을 받고 상상성화가 아니라 땅에서 진짜 구원의 열매들인 성화를 이루어 가야 한다.

야곱은 왜 에서의 가면을 썼을까?

야곱의 성화가 늦어진 이유는 야곱이 에서의 생애로 살았기 때문이다. 야곱은 죽 한 그릇에 형의 장자권을 샀고, 아버지를 속여 축복권을 탈취했다. 에서의 발꿈치를 잡고 태어난 야곱은 처음부터 에서처럼 살고 싶었던 것 같다. 에서는 장자권과 축복권을 가진 장남이다. 장남은 유대 사회에서 1인자로서 모든 부와 명예를 얻을 수 있는 신분이다. 야곱은 이 장자권이 탐이 났고 속임수를 쓰면서까지 그것을 결국 손에 넣었다. 그러고는 야곱은 이름만 야곱일 뿐 에서 행세를 하며 살았다. 에서는 허우대가 좋아 남성의 매력이 넘쳐 났지만 가문의 언약을 경시하고 물질을 취하는 천박한 삶을 살았다.

야곱 역시 가문의 언약을 탐냈지만 하나님 없이 산 것은 에서와 다를 바가 없다. 야곱은 몇 초 만에 동생으로 태어났지만 하나님의 언약을 깊이 생각하는 조용한 사람이었다. 집안에 계시된 하나님의 언약은 장자가 차자를 섬긴다는 것이었다. 하나님은 야곱의 기질을 알고 있었기에 이스라엘의 건국을 차자에게 맡기셨다.

야곱이 그의 타고난 성향대로 깊이 묵상하는 것을 계속했다면 장자의 명분과 축복권을 갈취하지 않아도 하나님이 아버지 이삭을 통해 교통정리를 해주셨을 것이다. 하지만 야곱은 에서로 행세했기에 사냥꾼 에서처럼 집을 뛰쳐나가 살았다. 기업은 번창하고 종족도 불어났지만 묵상을 버렸기에 영적 성장과 성화는 없었다. 그 결과는 험악한 세월이다. 에서는 들짐승의 세계에서 험악한 사냥꾼의 세월을 보냈고 야곱은 인간 사냥꾼이 되어 생존 경쟁의 밀림에서 쫓고 쫓기는 삶을 살았다. 에서라는 남의 운명으로 산 것이 조용한 사람 야곱을 험악한 들사람으로 만들어 버린 것이다.

자기가 싫은 사람이 있다. 왜 나는 이 모양인가? 왜 이런 얼굴, 이런 신분인가? 왜 형이고 아우인가? 왜 남자, 여자인가? 왜 이런 성품인가? 자기를 싫어해서 남의 가면을 쓰고 살아가는 사람이 있다. 자기계발서가 인기를 끄는 이유도 이와 맥락을 같이한다. 학벌에 기대고 성공에 기대는 삶을 좇는 것이다. 하지만 자기를 잃어버리고 남의 얼굴로 사는 것이 과연 행복할까. 설사 행복하더라도 그런 삶이 내 성화에 도움이 될까.

에서의 가면을 탐낸 이유

야곱은 라반과 처남들의 흉계를 알고 살아남기 위해 고향으로 돌아간다. 귀향길에 에서를 겁내는 것은 당연하다. 에서의 성공과 축복을 누리며 산다 생각했는데, 막상 얍복강에서 더 이상 에서가 될 수 없음을 알았다. 에서를 흉내 낸 것이지 에서가 아니었기 때문이다. 이때 하나님이 야곱에게 네 이름이 뭐냐고 이름을 물으신다(창 32:27).

"야곱입니다."

야곱이 자신을 야곱이라 밝힌 최초의 구절이다. 야곱은 자기가 싫었다. 몇 초 만에 차자가 되어 버린 둘째 신분이 싫었고 장막에서 지내는 조용한 성격이 싫었다. 반면에 쌍둥이 형은 장남이라는 신분을 나면서 취했을 뿐 아니라 용맹한 사내대장부였다. 형은 들판에서 자유분방하게 살면서 사냥감을 얻어 아버지의 환심을 샀고 추파를 던지는 여인도 많았다.

야곱은 항상 활달한 형과 비교되었기에 그 옆에 있는 것이 싫었다. 장막에서 어머니와 대화 상대나 하는 마마보이를 누가 좋아하겠는가!

'나도 저렇게 살고 싶다!'

형은 항상 의젓했고 남자다웠다. 형은 야곱의 로망이었다. 그랬기에 형의 장자권을 사는 그 순간부터 그동안 부러워만 하던 에서처럼 처신하고 행동했다. 남자다움을 과시하고자 했다. 그래야 인기를 얻고 성공할 수 있기 때문이다. 야곱은 야곱 됨을 부정하며 산 것이다.

하지만 얍복강 나루에 이르러 진짜 에서가 400명의 군대를 이끌고 온다니까 가짜 에서로 살아온 자신과 마주할 수밖에 없었다. 더구나 에서는 식솔이나 거느리고 돌아온 자신과 달리 대장부답게 군대를 이끌고 있다. 그제야 야곱은 깨닫는다. 아무리 기를 써도 에서처럼 살 수 없다는 것을. 에서는 역시 대장부였다. 자기는 재벌은 될 수 있어도 대장부감은 아니다. 야곱은 에서에 비하면 한없이 초라한 자신에게 좌절감을 느끼는 동시에 그동안 쓰고 있던 에서의 가면을 벗게 된다.

에서의 가면을 벗는 순간 야곱은 자신의 연약함에 눈을 뜬다. 성화의 길목에 들어선 것이다. 장막에서 언약을 묵상하며 하나님께 순종하는 것이 그에게 주어진 삶이건만 그동안 에서처럼 사느라 쫓고 쫓기는 인생을 살았고 그러느라 인생을 허비했다. 야곱은 하나님 앞에서 자기 이름을 밝힘으로써 에서의 가면을 벗고 야곱으로서 살고자 하는 열망을 드러낸다. 키르케고르(Soren Kierkegaard)가 고백한 "이제, 하나님의 도움으로 나는 나 자신이 될 것이다"라는 말은 이날 야곱의 심정을 대변하는 것 같다.

다시 야곱으로 살다

야곱은 얍복강 나루에서 하나님을 만나 육적, 영적인 씨름을 한 후 야곱의 야곱 됨을 회복했다. 그것은 조용한 삶, 누군가와 경쟁이 없는 삶, 두려움이 아닌 삶이다. 남을 사랑하며 세워 주는 삶이다. 이후 그는 역사 무대의 중심에서 내려와 그 자리를 열두 아들에게 이양한다. 이때부터 야곱 집안의 스토리는 열두 아들의 스토리로 자연스럽게 넘어간다.

이제 야곱은 결정권을 내려놓고 바라보고 지켜보는 입장이 된다. 자신을 성찰하는 숙고의 시기로 접어든 것이다. 그의 역할은 사건이 일어난 후에야 자식들의 보고나 받고 거기에 슬퍼하고 아파하거나 기뻐하는 것이다. 그러면서 서서히 두려움이 아니라 사랑의 삶을 살게 된다. 동적인 삶에서 정적인 삶으로, 주연에서 조연으로, 빼앗고 움켜쥐는 삶에서 베풀고 나누는 삶으로 이양되는 과정에서 성화가 일어난다. 야곱이 더 이상 에서 행세를 하지 않고 야곱으로 살 때 비로소 성화가 시작된다.

야곱의 성화 속도는 느리다. 자동차로 치면 시속 20km가량이다. 어느 세월에 성화될까 싶지마는 그래도 시작했으니 전진해 나갈 것이다.

오늘 내가 쓴 에서의 가면은 무엇인가?

조선 역사에도 야곱처럼 남의 신분으로 살던 불행한 사람이 있다. 폭군의 상징처럼 여겨지는 수양대군이다. 세종의 둘째 아들로 태어나 진평대군, 함평대군, 진양대군이라 칭하다 수양대군에 봉해졌다. 형 문종이 학문에 능했다면 수양대군은 무예에 능하고 병서(兵書)에 밝았다. 그는 차남으로 태어난 것을 몹시도 억울해했다. 왕이 될 자질을 갖추고 있었고 왕이 되면 아버지의 뒤를 이어 왕권을 강화하고 만백성이 우러러보는 성군이 될 자신도 있었다. 그러나 억울하게도 장남으로 태어나지 못해 '대군'으로 살아야 했다.

수양대군은 왕이 되고 싶은 유혹을 물리칠 수가 없었다. 마침 세종의 뒤를 이어 왕위에 오른 문종이 재위 2년 3개월 만에 죽고 12세 어린 나이의 홍위(단종)가 즉위하자 왕권 찬탈 작전을 감행하게 된다. 아버지의 늙은 충신 김종서 장군을 살해하는 계유정난을 일으킨 뒤 어린 단종을 제거하고 마침내 조선 7대 왕으로 등극한다. 그가 바로 세조다. 세조의 치적에는 괄목할 만한 것이 많다. 의정부의 정책 결정권을 폐지, 재상의 권한을 축소시키고 6조의 직계제를 부활시켜 왕권을 강화했다. 특히 경국대전 편찬에 착수해 성종 때 완성시킨 것은 그의 치적 중 특기할 만하다.

그렇다고 역사에서 존경받는 인물은 아니다. 계유정난은 권력욕에 눈이 멀어 어린 조카의 왕권을 훔치고 사육신을 비롯한 충신들을 죽인 명분이 없는 반란으로 평가된다. 그를 소재로 한 사극도 여러 번 제작되었는데, 대체로 냉혈한으로 묘사된다. 업적이 많은 왕 세조가 아니라 어린 조카를 잔인하게 죽인 수양대군으로 기억되는 것이다. 세조는 왕이 되어 행복했을까? 아마도 그는 세조로 살 때보다 대군으로 살았을 때가 더 행복했을 것이다.

서예와 시문, 그림, 가야금 등에 능한 안평대군은 세종의 셋째 아들이었으나 권력의 뜻을 접고 당대 명필가로 이름을 떨치며 살았다. 반면에 수양대군은 세종의 둘째로 태어나 억지로 왕의 어의를 입고 곤룡포를 걸쳤지만 늘 수면 부족에 시달렸고 가정사는 엉망이었다. 남의 가면을 쓰고 사는 사람의 비극적인 말로다.

하나님은 야곱을 택하셨다. 야곱의 장단점을 다 알면서도 그를 선택하셨다. 그렇다면 야곱은 야곱으로 살아야 했다. 장막에서 언약을 묵상하며 하나님이 들려주신 언약이 어떻게 성취될 것인가를 기다리며 준비하며 살아야 했다. 그러나 야곱은 에서의 복장과 털로 위장하고 에서처럼 살고자 했다. 에서는 가나안 여인들을 택하고 야곱은 밧단아람의 여인들을 택한 것이 다를 뿐 부모의 근심, 하나님의 근심이 된 것은 동일하다.

한국 교회에도 에서의 가면을 쓴 야곱들이 있다. 에서라는 성공의 가면, 출세의 가면, 거짓의 가면을 쓴 이들이다. 언약을 기다리며 조용히 묵상하는 야곱의 삶을 회복해야 한다. 야곱은 야곱으로 살아야 그게 성공이고 행복이다.

나는 나 자신으로 살 때 가장 행복하다. 강한 척, 있는 척, 센 척하지 말고 하나님이 주신 모습 그대로 살아야 한다. 지금까지 나도 모르게 쓰게 된 가면을 벗고 본연의 나를 인정하고 그런 나로 살아가고자 할 때 성화가 시작된다.

아프니까, 성화다

피아노에는 페달이 두 개 혹은 세 개 달려 있다. 페달은 음의 강약이나 여음(餘音. 울림의 길이)을 조절해 준다. 따라서 피아노 치는 실력도 좋아야 하지만 페달 밟는 실력도 좋아야 아름다운 음악을 연주할 수 있다. 그래서 피아니스트들은 연주할 때 헌 구두를 신는다. 새 구두는 발에 익숙하지 않고 페달을 밟을 때 미끄러지기 쉽기 때문이다. 굳이 새 구두를 신어야 할 경우 밑창을 일부러 박박 문질러서 닳게 만든 뒤 무대에 오른다.

하나님이 야곱을 성화시키는 과정도 이와 같다. 야곱이 언약의 계승자가 아니었다면 그렇게까지 험한 세월을 보내지 않아도 되었다. 하지만 야곱은 열두 지파의 조상이 될 사람이다. 그는 이스라엘을 이룬 조상으로서 더 많은 환란과 부서짐으로 깎이고 또 깎여야 했다. 아플수록 성화가 빨라지고 아픔이 깊을수록 성화도 깊어 간다. 야곱처럼 강한 사람은 그 아픔이 더 커질 수밖에 없다.

라헬을 잃고

야곱이 식솔을 거느리고 고향으로 가는 중에 라헬이 둘째 베냐민을 낳다가 죽고 만다. 요셉을 낳고 나서 16~17년 뒤 둘째를 가진 터라 노산인 데다 여행의 곤고함으로 몸이 더 버티지 못한 것이다. 야곱은 하늘이 노래질 만큼 망연자실했다. 야곱의 아내 중 어느 하나 소중하지 않은 사람은 없지만 하나님은 왜 하필 그토록 사랑하던 아내 라헬을 데려가신 것일까?

야곱이 얼마나 충격을 받았을까? 라헬을 위해 14년을 몸으로 때웠다. 친구, 배우자, 자식, 부모 중 누가 죽었을 때 정신적 충격이 가장 클까? 자식이 죽었을 때 가장 견디기 힘들 것 같지만 조사 결과는 배우자가 가장 충격적이라고 말하고 있다. 자식의 죽음은 그다음이다. 미국의 심리학자 토머스 홈스(Thomas Holmes)와 리처드 라헤(Richard Rahe) 박사의 공동연구에 따르면 배우자 사망으로 인한 스트레스는 100점 만점에 99점이고 자녀 사망은 98점, 부모 사망이 97점으로 나타났다. 이혼(73점), 본인의 구속(63점) 및 직장에서 해고(47점), 결혼 스트레스(50점)가 그다음을 이었다. 영국 버밍엄대학교 재닛 로드(Janet Lord) 박사는 배우자의 죽음으로 인한 상심은 면역체계까지 약화시킨다고 보고한다. 사별로 인해 우울증과 스트레스 지수가 높아지면 혈액 속에 존재하는 백혈구의 일종인 호중성 백혈구의 활동이 저하되기 때문이다. 실제로 1950년대 미국의 유명 가수 조니 캐쉬(Johnny Cash)는 2003년 아내가 떠난 뒤 4개월 만에 생을 마감했다.

이렇듯 배우자 사별은 어떤 충격보다 크다. 라헬의 죽음은 야곱에게 커다란 상실감을 안겨 줬다. 그런데 만약 라헬이 아닌 레아나 실바와 빌하가 죽었다면 어땠을까? 야곱의 상실감은 라헬의 죽음만큼 크지 않았을 것이다. 여기에도 하나님의 섭리가 있다.

자존심을 십자가에 못 박고

야곱은 그의 아내 레아와 자녀들로 인해 여러 번 탄식해야 했다. 첫날밤을 함께한 여인이 레아라는 사실을 알고 탄식하며 땅을 쳤고, 레아의 딸 디나가 성폭행을 당했을 때 다시 땅을 치며 탄식했으며, 이후 함부로 칼을 휘둘러 원주민의 벌집을 헤집어 놓은 레아의 아들들 시므온과 레위 때문에 또다시 땅을 쳐야 했다. 그리고 마침내 맏아들 르우벤이 서모 빌하와 불륜을 저지르자 야곱은 크게 낙담했다(창 35:22).

르우벤의 반인륜 행위는 라헬이 죽은 지 얼마 후에 일어난 일이다. 빌하는 라헬의 여종 출신이다. 어머니의 사랑을 빼앗아 버린 라헬 이모에게 복수를 하고 싶었던 걸까? 과묵하고 순종적인 맏아들 르우벤은 일전에 어머니 레아에게 합환채를 갖다 드린 적이 있다. 합환채는 임신 촉진제, 정력제라 알려진 식물이다. 아버지의 사랑을 찾으시라 선물한 것을 라헬이 빼앗아 가는 것을 보고 앙심을 품었을지도 모른다(창 30:14-16). 이모에 대한 보복 심리가 아니었다면 단순히 연정이었을지도 모른다. 어쨌거나 이 참담한 사건을 겪고 아버지 야곱의 심정은 어땠을까? 장남이 서모와 간통을 저지르다니, 야곱이 아무리 험한 세월을 살았다 해도 이보다 기막힌 일이 또 있었을까.

야곱은 할 말을 잃었다(창 35:22). 대찬 남자 야곱도 딸 때문에, 아들 때문에, 여종 출신의 부인 때문에 할 말이 없어진 것이다.

자식들의 근친상간은 여기서 끝나지 않는다. 4남인 유다는 며느리와 동침해서 아들을 얻었다. 유다가 두 아들을 잃고 여행을 갔다가 창기와 동침했는데 그 창기가 바로 두 아들의 아내이자 유다의 며느리였던 것이다. 며느리 다말은 시아버지인 줄 알면서도 의도적으로 접근해 동침에 성공한 뒤 쌍둥이를 낳았다(창 38장).

사랑하는 여인은 죽고 장남은 서모와 간통을 하고 4남은 며느리와의 사이에서 쌍둥이를 얻었다. 언약 가문이 말이 아니게 되었다. 동시에 야곱의 삶도 산산이 부서졌다. 야곱은 이렇듯 완벽하게 연약해져서야 성화의 길에 들어서게 된다.

프랑스의 수학자이자 철학자인 파스칼(Blaiss Pascal)에게 신앙이 '이성을 십자가에 못 박는 일'이라면, 야곱에게 믿음이란 '자존심을 십자가에 못 박는 일'이었다.

요셉을 잃고

라헬에 대한 그리움이 얼마나 사무쳤던지 야곱은 라헬의 큰아들 요셉에게만 채색옷을 입혔다. 채색옷은 발까지 내려오는 긴 겉

옷으로 당시에 귀한 사람들만 입는 복장이다. 이 옷은 나중에 제사장들이 입는 아마포 옷이 되었다. 요셉은 야곱이 91세의 노년에 어렵게 얻은 아들이다. 더구나 사랑하던 라헬이 생모였으니 애틋한 정이 더 갔을 것이다.

야곱은 요셉을 다른 아들들보다 더 사랑했다(창 37:3). 개역한글은 '깊이 사랑'했다고 번역되어 있다. 오랜 세월 지켜보고 살펴본 뒤 특별히 신앙적이고 효성스러운 요셉을 아버지가 더 많이 사랑하게 되었다는 뜻이다. 야곱이 노년이 된 그때까지 하나님이 약속하신 3대 언약 중 어느 것 하나 제대로 이루어진 것이 없었다. 야곱은 요셉을 통해 대민족, 복의 근원이 되는 축복을 기대했다. 하지만 그 아들을 형들이 시기해서 애굽에 팔아 버린 뒤 요셉의 옷에 염소의 피를 묻혀 가져와서 요셉이 죽었다고 전했다. 야곱은 아들의 피 묻은 옷을 붙들고 목을 놓아 울었다(창 37장). 라헬을 잃은 것도 하늘이 무너지는데 그 아들마저 잃었으니 더 이상 세상 살 맛이 나지 않았을 것이다. 야곱의 생각이 어디를 향하겠는가? 자연히 천국이다. 사랑하는 부인도 아들도 천국에 있다고 생각하니, 야곱은 세속보다는 하늘나라에 더 마음을 두었을 것이다.

영국의 문호 C.S. 루이스(C.S. Lewis)에게는 살이라도 베어 줄 수 있는 친구가 있었다. 찰스 윌리엄스(Charles Williams)라는 작가로, 그가 먼저 죽자 루이스는 조사(弔詞)에서 이렇게 말했다.

"이제 천국은 무척 가까워졌습니다. 멀리 생각되던 천국이 이젠 이웃집이 되었습니다. 그곳에 내 친구 찰스가 있으니 얼마나 가까운 곳입니까?"

1년 후, 금슬 좋기로 유명한 아내 조이가 세상을 떠나자 루이스는 아내를 묻고 돌아온 날 일기에 이렇게 적었다.

"이제 천국은 내 집처럼 가까워졌다. 조이가 있고 찰스가 있으니 그곳은 바로 내 집이 아닌가."

야곱이 그랬다. 사랑하던 여인과 애지중지하던 자식이 사라졌는데 인생에 무슨 재미가 있겠는가. 야곱은 조금씩 욕심을 놓아 버리고 아내, 자식이 있는 천국을 그리워하게 된다. 이런 사모함이 야곱을 성화시켜 나간다. 아프니까, 땅보다 하늘을 생각하고 자꾸 눈을 들어 하늘을 바라보니 그만큼 성화가 되더라는 것이다.

마침내 움켜쥔 손을 펴다

야곱의 시련은 여기서 끝나지 않는다. 가나안 땅에 흉년이 들어 애굽으로 양식을 사러 아들들을 보냈는데 한 명이 돌아오지 않았다. 시므온이다. 가나안의 정탐꾼으로 오해를 받아 베냐민을 데려오는 조건으로 애굽에 인질로 남겨 두고 왔다는 것이다.

> 너희가 나에게 내 자식들을 잃게 하도다 요셉도 없어졌고 시므온도 없어졌거늘 베냐민을 또 빼앗아 가고자 하니 이는 다 나를 해롭게 함이로다 창 42:36

적반하장도 유분수라는 말이 딱 이런 경우다. 아버지 때문에 자식들이 고생하는데 아버지라는 사람은 "네놈들 때문에 내가 힘들다", "왜 내 주변에는 나를 힘들게 하는 놈들만 있느냐" 하는 것이다. 이런 아버지를 두고, 더글라스 케네디(Douglas Kennedy)는 그의 책 《파이브 데이즈》에서 이렇게 묘사한다.

"우리 아버지는 인생 자체가 소화불량이에요."

그랬다. 아들들이 보기에 아버지는 너무 많은 것을 얻으려 했고 가지려 했고 먹으려 했다. 그래서 아버지의 인생은 소화불량이고 인생 불량이다. 이런 아버지가 지금도 자식들을 탓한다. 성화되기에는 너무 강한 아버지다. 그러나 야곱의 말에는 힘이 없다. 다 나를 해롭게 한다고 길길이 날뛰는 야단이라기보다는 삶에 지친 늙은 남자의 한탄에 가깝다. 고집 센 소가 매를 맞는 법이다. 그렇게 얻어터지고 힘들고 슬프니까 성화가 되는 것이다. 그렇기에 베냐민을 떠나보내면서 "내가 자식을 잃게 되면 잃으리로다"(창 43:14)라고 움켜쥔 손을 풀어 버린다.

훗날 애굽 왕이 야곱에게 나이가 어떻게 되느냐고 물었을 때 야곱이 이렇게 말한다.

야곱이 바로에게 아뢰되 내 나그네 길의 세월이 백삼십 년이니이다 내 나이가 얼마 못 되니 우리 조상의 나그네 길의 연조에 미치지 못하나 험악한 세월을 보내었나이다 창 47:9

험악한 세월을 보냈다고 말한다. 야곱의 인생은 정말이지 파란만장했다. 야곱은 이렇게 많은 시련을 겪으면서 하나님의 절대적 주권을 인정하게 된다. 인생이 내 힘으로 되는 것이 아님을 안다. 인생의 걸음이 걷는 자에게 있지 않고 걸음을 인도하시는 하나님의 손에 있음을 안다. 야곱은 먼 길을 거의 다 걸어서야 그 사실을 인정했다. 그래서 아내도 내려놓고 자식도 내려놓고 손자도 내려놓는다. 잡으려고 잡을 수 있는 것이 아니었다. 하나님만이 주인이다. 하나님이 주관하실 때는 내가 할 수 있는 것이 아무것도 없음을 알고 소유욕을 다 내려놓는다. 움켜쥔 손을 펴고 손에 있는 것을 내려놓으니 그만큼 성화가 되는 것이다. 야곱의 성화는 하나님이 주도하고 계시다.

요셉의 맑은 성정은 옆에서 도와만 주어도 스스로 알아서 성화가 되는데 야곱은 고집이 너무 세고 아집이 강하다. 하나님이 야곱의 인생에서 그를 성화되지 못하게 하는 암초를 뽑아낸 세월이 당사자 야곱에게는 파란만장한 세월이 된 것이다. 야곱의 성화는 100% 하나님께 왔다. 하나님의 때리는 손으로 왔기에 너무 아팠고 하나님이 다듬으셨기에 그만큼 성화의 최고봉에 오를 수 있었다.

야곱은 사랑하는 여인 라헬, 총명으로 넘치는 아들 요셉, 능력이 탁월한 장남 르우벤, 언제 봐도 사랑스런 막내 베냐민 등이 그의 인생에 장미꽃인 줄 알았다. 그런데 알고 보니 야곱이 사랑하고 자랑스럽게 여기던, 특히 편애하던 것이 모두 야곱 집안의 가시였다. 라헬이라는 우상 가시, 요셉이라는 편애 가시, 탁월한 장남 르우벤이라는 자만의 가시, 베냐민이라는 움켜쥠의 가시…. 이 가시들을 뽑기 전에는 야곱 집안은 성화가 되지 못한다. 성화가 되기는 해도 한계가 있다. 야곱 개인이 일찍 성화될수록 그만큼 아들들의 성화가 빨라진다.

야곱은 열두 지파의 조상이 될 인물이다. 시시한 성화로는 거룩한 민족, 성민이 될 수 없다. 그래서 하나님은 여러 시련을 통해 야곱을 성화시켜 나간다. 언약의 집안 야곱의 식구들을 성화시켜 나가는 것이다. 아픈 만큼 성화되는 것이다.

　정책 당국자들 사이에서 종종 '손톱 밑 가시 뽑기'라는 말이 나온다. 기업의 활동과 성장을 가로막는 제도적인 장애물들을 뽑아내 기업의 생산성을 올리고 복지사회를 만들겠다는 것이다. 하나님이 나에게서 뽑아내려는 '손톱 밑 가시'는 무엇일까? 그걸 빼야 성화가 성장할 수 있다! 내가 빼지 않는다면 하나님이 강제로 빼실 것이다. 그러므로 하나님 앞에 내려놓을 것을 내려놓아야 한다. 그럴 때 가시는 억지로가 아니라 저절로 삭아 버릴 것이다.

5부

마침내

거룩을 살다

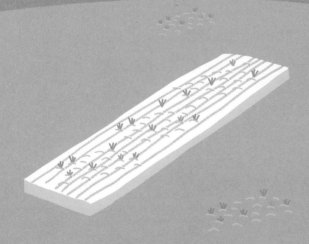

아들이 아버지의 성화를 묻다

성경에서 최고의 효자를 꼽으라면 단연 요셉이다. 요셉은 이복 형들의 농간으로 17세에 아버지와 생이별을 한다. 아버지는 형의 몫을 탐내다 스스로 모친과 생이별을 하지만 요셉은 형들 때문에 그런 고통을 겪는다. 우여곡절 끝에 요셉은 애굽의 총리가 되었고, 가뭄으로 양식을 사러 온 형들과 조우하게 된다. 대략 22년 만의 해후였다. 하지만 형들은 총리가 된 요셉을 감히 쳐다볼 수 없었거니와 애굽어를 유창하게 구사하고 애굽 옷을 입은 요셉을 알아볼 수 없었다. 요셉도 형들을 아는 척하지 않으면서 이렇게 묻는다.

너희 아버지 너희가 말하던 그 노인이 안녕하시냐 창 43:27

요셉은 아버지에게 '노인'이라는 칭호를 쓴다. '노인'이라는 호칭은 총리와 이방인 사이에서 상대방 부모에 대한 경칭으로 사용된다. 노인이라면 무시처럼 들리는데 사실은 존칭어다. 노인은 옹(翁)으로, 사회적으로 존경받는 나이 많은 사람의 성이나 성명, 호 뒤에 쓰여 그 사람을 높여 부르거나 이르는 말로 쓰인다. 대개

176

80세 이상의 어르신을 노인이라 하는데, 처칠 경의 경(卿), 영어의
Sir에 해당한다. 경은 임금이 신하를 높여 부르는 존대어이기도 하
다. 그러니까 요셉은 아버지 야곱을 야곱 옹, 야곱 경으로 높여 부
르고 있는 것이다. 원수와 같은 형들에게 자신의 신분을 숨기고
아버지의 안부를 묻는 요셉의 저의는 무엇일까?

부모의 건강이 효도의 조건이다

"그 노인이 안녕하시냐? 아직도 생존해 계시느냐?"

요셉은 아버지의 건강을 묻고 있다. '안녕하시뇨'는 히브리어로
'살롬'(shalom)으로 평화, 평강, 평안을 의미한다. 일반적인 히브리어
인사 중 하나다. 건강이 없이 어찌 안녕할까? 사랑도 좋지만 건강
이 없으면 사랑도 한계가 있다. 효도가 자식의 의무라지만 긴 병
에 효자가 없다. 그래서 건강의 안녕은 큰 축복이다.

주의 종 우리 아버지가 평안하고 지금까지 생존하였나이다 창 43:28

아버지 야곱이 건강하단다. 이때 요셉 총리의 심정은 어땠을
까? 아버지의 나이가 130세다. 130세 노인이 건강하다는 것이다.

'아니, 그 노인네는 자식 생사도 알지 못하고 얍복강 나루에서
얻어터져 엉덩이뼈가 위골되어 절뚝거리면서도 지금까지 건강하
다고?'

이렇게 공연히 미운 마음이 들었을까? 따져 보니 아버지 야곱
은 요셉을 잃고도 건강하게 살고 있다. 그러면 아버지에게 내 존

재는 뭘까, 요셉으로선 어쩐지 섭섭했을지도 모르겠다. 하지만 요셉은 섭섭하기는커녕 '다행이다'고 생각한다. 만약 아버지가 요셉을 잃고 슬픔에 빠져 건강을 잃었다면 애굽에서 좋은 옷, 맛있는 음식이 무슨 소용이 있을까? 치아가 없는데 맛있는 소고기가 무슨 소용이란 말인가. 아버지가 잃어버린 요셉을 생각하느라 건강을 잃고 죽기라도 했다면 형제간의 화해는 쉽지 않았을 것이다.

요셉에게 아버지 야곱이 건강하게 살아 있다는 사실은 선물 같은 소식이다. 그동안 부재로 인한 불효를 만회할 기회가 주어졌기 때문이다. 성화를 이룬 사람은 이렇게 마음을 먹는다. 우리는 요셉을 보면서 효도는 효도하는 자식이 아니라 효도를 받는 부모가 제공하는 것임을 배우게 된다.

오늘날 한국인의 기대 수명은 81세다. 대부분 노인으로 인생을 마감한다. 노인(老人)이란 오래 길게 늙어 가는 사람이다. 옛날에는 늙으면 죽는 줄 알았다. 그러나 지금은 노인으로 오랫동안 살게 되므로 노인이 곧 죽음을 의미하지는 않는다. 문제는 노인으로 오래 살면서 건강하게 사는 것이다. 부모가 건강하게 살아야 자식들이 효도할 수 있다. 골골하며 오래 살면 자식이 불효자가 되기 쉽다.

따라서 부모는 건강할 의무가 있다. 육체는 물론 정신도 건강해야 한다. 규칙적으로 운동할 뿐 아니라 다양한 취미생활로 정신의 건강도 챙겨야 한다. 노인들에게 건강과 관련해 후회되는 것이 무엇이냐고 물었더니 1위가 치아 관리라고 답했다. 2위는 잘 웃지

178

않으며 불필요한 걱정을 너무 많이 해서 몸을 해롭게 한 것이라고
답했다. 부모가 몸과 마음을 돌보는 것이 자녀가 효도할 기회를
제공하는 것이다.

장수보다 더 중요한 것

"그 노인이 안녕하시냐? 아직도 생존해 계시냐?"

요셉은 형제들에게 아버지가 잘 살고 계시냐고, 행복지수는 어
떻냐고 묻고 있다. 요셉이 생각하는 아버지는 불행한 남자다. 사랑
했던 여인을 일찍 여의고 아들 하나는 실종되고 외동딸은 성폭행
당했으며, 넷째 며느리와 손자들이 연달아 단명했다. 아버지 자신
은 평생 다리를 절름거리는 장애인이다. 안녕하지 못한 노인이다.
요셉의 이 질문에는 아버지 야곱에 대한 안쓰러움이 담겨 있다.
아버지가 개인의 아픔, 가족의 비극을 극복하고 잘 견디고 있느냐
는 질문이기도 하다.

우리 아버지가 평안하고 지금까지 생존하였나이다 **창 43:28**

형들의 대답을 듣고 요셉은 기쁘다. 아버지가 잘 지내는 이유
는 하나님이 주신 언약의 힘이다. 아버지는 자기 상처에 연연하지
않고 더 큰 그림, 대민족이라는 큰 그림을 보기에 험한 세월을 견
딜 수 있었던 것이다. 야곱은 노도풍랑과 같은 세월을 살았지만
다행히 아들들이 모두 효자다. 저희끼리는 지지고 볶으면서도 아
버지에게는 하나같이 잘한다. 아버지가 총애하던 막내 베냐민을

인질로 잡으려 하니 하나같이 베냐민에 앞서 아버지의 안위를 걱정한다.

> 우리 아버지가 흰머리로 슬퍼하며 스올로 내려가게 함이니이다 **창 44:31**

> 두렵건대 재해가 내 아버지에게 미침을 보리이다 **창 44:34**

야곱은 다정다감한 아버지는 아니다. 그렇기에 아들들은 아버지를 어려워했고 그러면서도 존경했다. 아버지라면 끔찍하게 여기는 자식들이 있기에 험한 세월을 산 야곱이 행복할 수 있었다.

2015년 세계노인복지지표에서 한국 노인의 심리적 만족도는 90개국 가운데 88위다. 노인 만족도가 매우 낮다. 100세 시대를 앞두고 '행복 수명'을 늘리는 노력이 필요하다. 행복 수명의 조건은 경제력과 건강, 가족이다. 이 조건이 충족되면 행복하게 오래 살 수 있다. 오래 사는 것보다 행복하게 오래 사는 것이 더 중요하다. 야곱은 비록 인생이 파란만장했지만, 할아버지와 아버지에게서 대물림된 언약 신앙을 곰곰 되새기면서 행복 수명의 노년을 보내고 있었다. 아버지는 성화 단계를 오르고 있었던 것이다.

성화 수명으로 아름다운 노년을 살다

"그 노인이 안녕하시냐? 아직도 생존해 계시느냐?"

요셉은 아버지의 성화를 묻고 있다. 아버지는 성질이 대단한 사람이다. 태중에서 형의 발꿈치를 잡았고 얍복강 나루에서는 하나님과 씨름했다. 기가 엄청 센 아버지다. 기센 아들 때문에 부모인 이삭과 리브가가 고통을 당했고 기센 동생 때문에 형 에서는 남남이 되었다. 기센 남편 때문에 부인들은 한 지붕 밑에서 원수처럼 살았다. 기센 아버지 때문에 열두 아들은 콩가루 형제가 되었다. 야곱의 강한 기질이 만들어 낸 족장 가정의 불행이다.

"그 노인이 안녕하시냐"라는 요셉의 말은 아버지가 지금도 성질이 괄괄하시냐, 여전히 고집불통이냐를 묻고 있는 것이다. 곧 성화를 묻고 있는 것이다. 만일 아버지가 여전히 이기적이고 완고한 130세 노인으로 살고 있다면 어떨까? 당분간은 생이별의 아픔을 보상이라도 하듯 애틋하게 지내겠지만, 아버지의 완고함 때문에 곧 효도도 힘들어질 것이고, 그러면 형제간의 화해도 힘들어질 것이다. 더구나 요셉의 부인은 애굽 제사장의 딸이다. 야곱이 만일 요셉의 부인이 애굽의 혈통인 것을 문제 삼는다면 어쩔 것인가. 요셉의 이 질문에는 이 같은 염려도 포함되지 않았을까?

그런데 형들의 "우리 아버지가 평안하고 지금까지 생존하였나이다"라는 대답을 듣고 요셉은 안심이 되었을 것이다. 아버지 야곱의 완고하고 이기적인 성질이 오랜 풍상을 겪으면서 다 죽었다는 것으로 이해했기 때문이다. 실제로 야곱은 "내가 자식을 잃게 되면 잃으리로다"라고 체념의 모습을 보이고 있다. 이는 자기가 뭘 어떻게 해보겠다고 혈기 부리지 않고 하나님께 자식의 운명까지 맡기겠다는 신뢰의 고백이다. 성화 중에 있는 아버지를 만나니 요셉으로선 얼마나 다행인가. 며느리 아스낫과 두 손자 므낫세와 에브라임은 또 얼마나 다행인가.

요셉이 성화되니 모든 게 만사형통이다. 성화 중인 아버지를 효도하기도 얼마나 쉬운지 모른다. 그러므로 효도는 자식하기 나름이 아니라 부모하기 나름이다. 성화된 부모가 효도받을 수 있다.

윌리엄 새들러(William Sadler)는 《서드 에이지, 마흔 이후 30년》에서 "나이가 들수록 점점 쓸 만해지고 있다"고 고백한다. 그에게 있어 나이 듦은 종착점이 얼마 남지 않아 안전벨트를 푸는 것을 의미하는 게 아니라 영적으로 더 성장하고 성숙해지는 것을 의미한다. 하나님이 관리하시는 자연은 오전만 아니라 오후도 아름답다. 해뜨는 일출만 아름다운 게 아니라 해지는 일몰도 아름답다. 봄은 싱싱하고도 화사한 꽃들이 만발해 아름답고 가을은 농익은 열매가 열리고 단풍으로 물들어 아름답다. 인생의 오후라 할 수 있는 노년도 얼마든지 아름다울 수 있다. 꽃 같은 청춘도 아름답지만 산천을 울긋불긋 물들이는 노년도 아름답다. 노을과 단풍이 만들어 내는 풍광은 꽃 같은 청춘이 만들어 낼 수 없는 아름다움이 있다. 나이 듦은 인생이 익어 가면서 성화의 속살이 드러나는 일이다.

스위스 철학자 앙리 아미엘(Henri Amiel)은 "어떻게 늙어 가야 하는지 아는 것이야말로 가장 으뜸가는 지혜다"라고 말했다. 장수하는 것보다 행복 수명이 중요하고 행복 수명보다 성화 수명이 중요하다. 야곱은 이제 행복 수명과 성화 수명을 다 성취한 노년을 보내고 있는 것이다.

성화무관 130년, 성화유관 17년

야곱의 인생을 2막으로 나눈다면 전반기는 밧단아람과 가나안 130년이고 후반기는 애굽에서의 17년이다. 시간으로 보면 당연히 전반기가 훨씬 더 길고 고난도 많았다. 그러나 야곱은 이 기간 동안 성화되지 못했다. 이는 우리가 오래 살았고 오래 믿었다고 해서 그만큼 성화되는 것은 아니라는 사실을 말해 준다.

인생 1막 가나안 130년, 경제 괴물로 살다

야곱은 어머니 뱃속에 있을 때부터 쌍둥이 형보다 먼저 태어나기 위해 억척을 부렸다. 제때에 출산하지 못하면 아기와 산모가 다 위험한데도, 내가 먼저 나가지 않는다면 모두 죽어도 좋다는 심보가 아닐 수 없다. 이처럼 야곱은 태에서부터 타인에게 해를 끼치는 인간이다. 성경에서 가족에게 사기를 친 첫 번째 인물이기도 하다.

야곱은 장막에서 조용하게 집토끼로 살다 아버지를 속이는 데 성공한 이후로 에서를 가장하고 산토끼로 산다. 가나안과 밧단아람을 중심으로 130년을 사는 동안 야곱은 본성의 원리, 죄의 지배를 받았다. 왜곡된 경제관과 축복관을 가지고 있었다. 성공해야 한다는 강박관념 하나 붙들고 앞만 보고 달리던 야곱에게 하나님은 안중에 없었다. 그는 돈 냄새를 맡으면 본능적으로 몸이 반응하는 경제 괴물이었다. 야곱의 인생을 지배한 것은 결국 돈이었다.

야곱에게 죄의 지배는 자기중심, 이기심으로 나타난다. 이기심은 자기 이익만을 꾀하는 마음이다. 이기적인 사람은 타인이나 사회, 즉 공익은 고려하지 않는다. 야곱에게서 죄의 열매는 돈벌레, 이중성, 악랄함, 교활함 등으로 나타나지만 그 중심에는 이기주의가 있다. 이기주의는 결국 '나'로 모아진다. 내 안에 하나님이 임재하는 삶이 아니라 내 안에 내가 있을 뿐이다. 내가 나를 통치하니 매사에 나 중심으로 선택하고 판단한다. 이 이기심의 파편이 그 주변 사람들을 해친다. 먼저 야곱이 형과 아버지를 속이는 바람에 그 집안이 풍비박산이 났다. 야곱의 아내들은 남편 야곱 하나를 놓고 서로 질투하고 시기하며 세월을 소모했다. 그리고 그 자식들은 아버지로 인해 서로 반목하고 대립하며 힘든 삶을 살았다.

야곱은 절대 상대방 입장에 서서 생각하지 않는다. 그는 아버지 이삭을 속인 것에 대해 죄송해하지 않는다. 장자권을 빼앗긴 형 에서의 허탈함은 안중에도 없다. 세겜 땅에서 딸 디나가 강간당했을 때 시므온과 레위가 보인 분노에 조금도 공감하지 못했을뿐더러 원주민들이 자기를 칠지도 모른다는 위협을 느끼고 시므온과 레위를 탓했다. 딸이 고통 중에 있어도 자기 안위만 걱정했다.

야곱은 이처럼 나밖에 모르는 이기심의 지배를 받았다. 이기심은 죄가 나쁜 것이 아니라 편하고 즐거운 것이라고 합리화한다. 그래서 죄가 도리어 실력이 되고 능력이 된다. 야곱의 130년은 나도 남도 험악한 세월을 보낼 수밖에 없도록 만든 시간이었다. 세상적 기준으로는 성공했을지 모르지만 그 존재 자체로는 홍익인간이 아니라 홍해인간이었다. 야곱과 같은 사람이 교회에 나와 예배를 드리고 기도와 찬송을 하고 헌금을 두둑하게 한다 해도 그것은 성화와 전혀 상관없는 종교 행위일 뿐이다.

인생 2막 17년, 이스라엘로 성화되다

야곱은 애굽으로 이주하면서 100% 달라진다. 죽음 직전에 열두 아들에게 한 축복기도는 그가 대단한 영성을 가진 사람임을 알려 준다. 열두 아들은 그들의 이름을 따라 열두 지파의 조상이 되었는데, 훗날 열두 지파의 행적을 보면 야곱의 축복기도를 따르고 있음을 알 수 있다. 야곱의 축복기도는 그대로 그들 삶을 예언한 것이 되었다. 야곱은 성화된 신령한 눈으로 아들들을 보았고 그들의 고통과 시련과 연약함을 보았다. 말년에 그의 영성이 얼마나 대단했는지를 알 수 있다.

고센 땅으로 이주한 뒤 야곱은 집안에서 더 이상 주도적인 위치를 점하지 못한다. 목축은 아들들이 관장했고 자식들 간에도 반목이나 갈등이 일어나지 않았다. 온 가족이 평안을 맛보고 있었다.

야곱은 처음엔 요셉을 애굽 땅에 팔아 버린 요셉의 형들이 괘씸했을 것이다. 그러나 평안의 세월을 보내면서 곰곰 돌아보니 형제들간의 반목과 갈등은 누구보다 자신이 원인이었음을 깨닫게 되었다. 그것은 바로 요셉을 향한 편애였다. 요셉은 사랑하는 라헬의 장자였고, 자신과 달리 선한 심성과 아버지 이삭의 온유함과 할아버지 아브라함의 기상과 모험 정신까지 갖춘 잘난 아들이었다. 아브라함 때부터 내려온 언약 축복을 계승할 만했다. 그런 귀한 아들이 일찍부터 엄마 없이 자라야 했으니 안쓰런 마음이 더해져 야곱은 누구보다 요셉을 싸고돌았다. 이 편애가 형제간에 비극적인 참극을 부른 것이다.

야곱은 요셉이 실종되었을 때 우울증에 걸렸을지도 모른다. 하나님이 주신 언약은 도무지 이뤄질 가망이 없어 보이고 무기력증에 빠져 걸핏하면 짜증을 부리니 아들들과는 점점 거리가 멀어졌을 것이다. 그렇게 무기력한 나날을 보내고 있을 때 잃어버린 요셉이 애굽의 총리가 되어 나타났다. 그러자 그만 접었던 꿈이 다시 스멀스멀 올라오기 시작했다. 하나님의 언약 축복이다. 야곱은 요셉을 놓고 기도하기 시작한다. 요셉을 통해 하나님의 언약이 이뤄지길 기도한 것이다. 날마다 총리 아들을 위해 기도하던 야곱에게 하나님의 은혜가 임한다. 이를 계기로 요셉에게서 눈을 들어 요셉을 주신 하나님에게로 나아갔고 아들의 꿈에서 눈을 들어 그 꿈을 주신 하나님을 바라보게 되었다.

요셉이 꾸었다던 그 꿈은 정녕 애굽의 총리가 되는 것일까? 깊은 묵상으로 아버지는 아들의 꿈을 수정한다. 애굽 총리라는 지위는 하나님이 두 번이나 보여 주신 꿈의 실체가 아니다. 총리 자리는 아들이 꿈을 이루기 위한 수단이요 꿈의 최종 목적지로 올라가는 사다리에 불과하다. 아들은 총리보다 더 특별한 사명을 받은 사람이었다. 바로 그 사명이 아들이 보았던 꿈의 실체였다.

그러면 아들이 받은 사명은 무엇인가? 입(入)애굽이다. 총리의 종족으로 애굽으로 들어왔고 고센 땅을 불하받았다. 가나안에서는 항상 생존의 위협을 받았다. 고센은 애굽의 공권력이 미치는 곳이다. 고센은 바로의 말들을 사육하는 목축지로 유명했지만 애굽인들은 목축을 가증히 여겼기에 그 광활한 목초지를 무시했고 이 좋은 땅은 히브리인의 차지가 되었다. 이곳에서 히브리인은 안전과 양식을 보장받고 씨족에서 부족으로, 부족에서 민족으로 날로 번창했다. 요셉의 사명은 바로 이스라엘이 민족이 되는 것이었다. 대민족이 성취된 것이다.

요셉이 애굽에서 누린 총리 직분은 네 어머니에게서 낳은 열두 아들을 하나로 묶는 데 결정적인 역할을 했다. 반목과 대립으로 늘 긴장감이 돌던 집안이 요셉의 희생적 사랑과 용서로 하나가 된 것이다. 요셉이 총리가 되지 않았거나 피해자 신분이 아니었다면 진정한 화합은 이루어지지 않았을 것이다. 형제들의 죄를 묻고 보복할 수 있었지만 용서를 택한 요셉의 관용으로 인해 이복형제들은 야곱의 일가로 거듭나게 되었다.

야곱은 이런 역사를 일구시는 하나님의 섭리를 읽었다. 야곱은 자기 열심으로 아들에게 채색옷을 입히며 높은 자리로 이끌려 했지만, 하나님은 도리어 그 옷을 벗기시므로 애굽 총리에까지 오르게 하시고, 이스라엘을 민족이 되게 하셨다. 아들 요셉의 인생역전은 야곱에게 성화의 길을 재촉하는 계기가 되었다.

야곱의 성화는 다른 열한 자식들을 통해서도 왔다. 자식들만 생각하면 버겁다. 시므온과 레위의 집단 살육, 집안의 명예를 더럽힌 큰아들 르우벤, 더구나 작당해서 요셉을 유기하고는 자신을 속인 아들들…. 야곱은 대노했지만 애굽에서 사는 17년 동안 그 아들들을 다른 눈으로 바라보게 되었다. 레아와 두 여종에게서 난 아들들이 아버지의 편애로 인해 얼마나 힘들었을까? 엄마를 일찍감치 여읜 요셉과 베냐민은 또 얼마나 외로웠을까? 그럼에도 그들은 하나같이 아버지의 안위를 걱정하는 효성 깊은 자식들로 자랐다. 얍복강 나루에서 받은 은혜를 아들들을 통해 받고 있었던 것이다.

우리 시대 최고의 영성가이자 유려한 문필가였던 유진 피터슨(Eugene Peterson)은 부임한 교회의 성도들이 변화되지 않는 것 때문에 너무 힘들었다. 교회를 옮기겠다고 결심하고는 번번이 주저앉기를 반복하다가 그는 마침내 이런 고백을 했다.

"나는 변화되었다. 변화되지 않는 그 사람들 때문에 내가 변화되었다."

야곱은 변화되지 않는 아들들 때문에 변화된 것이 아니라 언약에 근거하여 용서와 관용을 보인 요셉과 아들들로 인해 변화되었다. 죄의 법에서 벗어나 하나님의 은혜의 법에 들어온 뒤 임종을 맞을 즈음엔 성자로서 예언적 축복을 하는 경이로운 자로 변화되었다. 드디어 타인에게 이로움을 주는 홍익인간이 된 것이다. 은혜의 법칙이 만들어 낸 야곱의 성화 스토리는 이런 것이다.

야곱은 집안 내력과도 같은 눈이 멀게 되자 기동력이 떨어져 하루 종일 언약의 성취를 위한 기도를 했다. 애굽에 들어와 보낸 17년간 그랬다. 130년에 비하면 너무 짧은 기간이지만, 야곱은 이 17년 동안 훨씬 더 깊이, 더 넓게, 더 높게 성화되어 갔다. 정작 약속의 땅에서는 성화가 일어나지 않더니 이방의 땅에서 더 빠르게 성화가 이루어졌다. 너무 늦게 일어난 것이 안타깝지만 그래도 유종의 미를 거두었으니 얼마나 다행인가. 셰익스피어는 "나는 13~20세까지의 내가 없었으면 좋겠다. 아예 그 시기는 잠들어 버렸으면 좋겠다"고 말한 적이 있다. 야곱에게 험악한 세월을 보낸 130년이 잠들어 버렸으면 좋았을 시간이 아니었을까 싶다. 도무지 성화가 되지 않는 부끄러운 시절이었으니 말이다.

야곱은 147년을 살았지만 우리에게는 그렇게 느긋한 시간이 주어지지 않을 것이다. 야곱은 130년을 허송하다 17년간 성화를 이뤘지만, 우리 인생은 어쩌면 앞으로 10년도 남지 않았을지도 모른다. 그렇다면 바로 지금이 성화를 이뤄 낼 마지막 기회다. 하나님이 주신 마지막 선물 같은 지금, 바로 성화를 시작해야 할 때다.

성화는 몰래 자란다

지금까지 성화를 반복해서 말했다. 내가 궁극적으로 말하고자 하는 성화는 삶으로 나타나는 생활 성화다. 정직한 시민의식, 친절과 상냥함, 남에 대한 배려가 자연스럽게 배어 나오는 성화 말이다. 하나님을 향한 내면의 성화는 성령님께 맡겨야 한다. 그러나 생활 성화는 내가 전 생애에 걸쳐 수고하고 희생하고 손해를 보면서 몸으로 이루어 내야 하는 것이다. 성화가 무엇인지 교리적으로 많이 아는 것도, 예배당에서 거룩하게 행세하는 것도 의미가 없다. 허세이거나 위장이거나 둘 중 하나이기 때문이다. 삶으로 드러난 태도와 행동이 인정받을 만하고 존경받을 만한 것이 진짜 성화다. 이런 생활 성화가 쌓이면 인격 성화가 이뤄지고 하나님의 이끌리심을 받는 성화 성도가 된다.

완행 성화에서 급행 성화로

성화학교에 들어올 때 야곱은 부진아였다. 그러다 얍복강에서 하나님을 만나고 딸이 성폭행당하고 라헬과 손자, 며느리를 떠나 보내고 장남이 서모와 통간하고… 혼돈의 세월이 반복되자 야곱 은 더 이상 살 수가 없어서 벧엘로 올라가 하나님 앞에 엎어진다.

"나 좀 살려 주세요."

그날 이후, 일단은 성화 쪽으로 방향을 틀었다. 그러나 완행이 다. 과연 성화열차에 올라타기는 했는지 의심이 갈 만큼 그의 성 화는 완행이었다. 그러다 요셉의 실종 사건, 베냐민의 인질 사건을 겪으면서 성화에 속도를 내기 시작하더니 애굽으로 이주하면서, 특히 요셉의 용서와 사랑의 인격을 보면서 완행열차가 아니라 고 속의 KTX로 갈아탄다. 그리고 애굽 생활 17년 동안 엄청난 속도 로 성화를 이루며 147세를 일기로 죽기 직전에 성화의 에베레스트 최고봉에 오르게 된다.

심리학자들은, 사람은 35세부터 죽음에 대해 생각하기 시작한 다고 한다. 35세 이전까지는 인생의 의미를 따져 볼 겨를도 없이 살다가 35세 이후로 살아온 날들을 뒤돌아보게 되고 이렇게 살다 가 끝나는 것일까 자문하게 된다는 것이다. 공자도 "열다섯에 학 문에 뜻을 두었고, 서른에 뜻이 확고하게 섰으며, 마흔에 미혹되지 않았고, 쉰에는 하늘의 명을 깨달아 알게 되었으며, 예순에는 남의 말을 듣기만 하면 곧 그 이치를 깨달아 이해하게 되었고, 일흔이 되어서는 무엇이든 하고 싶은 대로 하여도 법도에 어긋나지 않았 다"고 말했다.

야곱은 청장년 시절에는 윤리적으로 공자에 훨씬 못 미친 삶을

살았지만 노년에 접어들어 성화의 사다리를 무섭게 오르기 시작
한다. 야곱은 어떤 성화를 우리에게 보여 주고 있을까?

'몽땅'에서 '조금'으로 줄어든 욕심 주머니

야곱은 한마디로 움켜쥐는 사람이다. 움켜쥐기 위해 남의 것을
빼앗기도 한다. 또 빼앗기지 않으려 도망 다니기도 한다. 그렇게
살아 재벌이 되기는 했다. 그러나 주변에 사람이 없다. 성화가 되
지 못하니 사람이 없는 것이다. 불편한 사람, 손해를 끼치는 사람
옆에 누가 가까이 있겠는가? 야곱은 그렇게 치열하게 살았지만 사
랑하던 모든 것을 놓쳤다. 아내, 요셉, 인질이 된 시므온에 이어 이
제는 베냐민까지 데려오라 한다. 인생은 제 힘으로 아무리 발버둥
쳐도 하나님이 지켜 주시지 않으면 안 된다. 야곱이 그걸 뒤늦게
깨닫고 자식들에게 애굽에 가서 양식을 사 오라면서 이렇게 주문
한다.

우리를 위하여 양식을 조금 사오라 **창 43:2**

'조금'은 야곱의 입에서 좀처럼 나온 적이 없는 말이다. 온통
'몽땅'을 좇는 인생이지 않았는가. 그는 항상 독점을 추구하던 사
람이다. '조금'은 결코 성에 차지 않는다. 그랬던 사람이 "조금 사
오라" 한다. 욕심 주머니가 많이 작아졌다. 하나님이 뺏어 버리시
니까 주머니가 작아질 수밖에 없다. 주머니가 작으면 채워 넣을
욕심도 작아지고 욕심이 작으면 경쟁도 덜하게 되어 남을 돌아볼

여유가 생긴다. 그만큼 성화가 되기 시작한다.

감리교의 창시자 웨슬리(John Wesley)는 지갑이 회개하지 않으면 회개를 인정할 수 없다고 말했다. 돈주머니가 성화되어야 진짜 성화라는 것이다. 야곱은 지갑에서 성화를 보이고 있다. 돈이 야곱의 성화를 막더니 이제는 돈이 성화의 수단이 된 것이다.

하나님을 하나님으로 인정하다

성화가 안 되는 것은 욕심 주머니도 문제지만 내 속의 내가 너무 크기 때문이다. 자아, 아집, 기질이 강하면 성령님이 힘을 발휘하지 못한다. 나를 구원하실 때 성령님은 강권적으로 역사하셔서 거절하지 못하게 만드신다. 그러나 성화만큼은 우리에게 맡기고 지켜보신다.

물론 성령님은 단시간에 얼마든지 나를 성화시킬 수 있다. 그러나 성화로 인한 감격과 기쁨도 없고 그런 우리를 보고 감동할 사람도 없다. 하나님의 손이 강제로 빚은 믿음은 믿음 생활도 꾸역꾸역하게 된다. 그런 사람의 신앙을 인정하고 존경할 사람은 없다. 도리어 측은히 여길 것이다. 그래서 하나님은 성화만큼은 우리에게 맡기신다. 넘어지고 무너지며 내 고집과 아집을 포기할 때까지 섭섭하고 괘씸해도 참고 인내하신다.

야곱은 욕심을 버리고 마음을 비운다. 마음 비움은 비신자들에겐 운명이나 팔자소관으로 돌리는 것일지 모르지만, 신자들에겐 하나님의 섭리에 자기 삶을 의탁하는 것이다.

네 아우도 데리고 떠나 다시 그 사람에게로 가라 창 43:13

그다음이 중요하다. 성화가 되는 사람에게서 나타나는 고백이다.

전능하신 하나님께서 그 사람 앞에서 너희에게 은혜를 베푸사 그 사람으로 너희

다른 형제와 베냐민을 돌려보내게 하시기를 원하노라 창 43:14

야곱은 전능하신 하나님이라고 호칭하고 있다. 전능하신 하나
님은 아브라함과 이삭, 야곱에게 나타나신 하나님을 호칭하는 특
별한 용어다(출 6:3). 천지의 주재이시며 조상과 맺으신 언약을 온
전히 이루시는 능력의 하나님을 강조하는 말이다. 야곱이 이 명칭
을 사용한 것은 하나님을 자신이 당한 이 난관을 능히 해결해 주
실 전능한 분으로 믿었기 때문이다. 그래서 "그 사람 앞에서 너희
에게 은혜를 베푸사"라고 말한다. 전능하신 하나님이 그 사람을
감동시켜 오해를 푸실 것이고, 죄가 있었다면 죄까지도 용서하게
하실 것이라는 것이다. 자식들의 생명은 하나님의 주권하에 있다
는 신앙고백이다.

"자식을 잃게 되면 잃으리로다"는 야곱의 말은 자포자기가 아
니라 하나님을 전적으로 의지하겠다는 절대 신뢰를 의미하는 말
이다. 불상사가 일어나도 하나님의 뜻으로 알고 모든 결과를 수용
할 테니 걱정하지 말고 다녀오라는 것이다. 나 중심이던 야곱이
하나님의 절대 주권을 인정하고 그것을 그의 삶의 중심에 두는 발
언을 하고 있다. 마침내 야곱이 성화가 되고 있는 것이다.

"(그는) 하나님이 아니라 하나님 자신을 알게 되었다."

하버드대학교의 마이클 샌델(Michael Sandel) 교수가 한 말로 그는
이것이야말로 '돈으로 살 수 없는 것'이라고 말한다. 그렇다. 야곱
은 이제 하나님이 주시는 것보다 하나님 자신을 구하게 되었다.
그것은 에서에게서 빼앗아 누리려던 세속적인 축복보다 훨씬 소
중한 것이다. 야곱은 이제 하나님 한 분만으로 만족하는 신앙으로
올라선다. 돈으로 살 수 없는 최상의 가치를 손에 넣은 것이다. 그
런 아버지에게서 자식들은 은혜를 받는다.

이삭과 달리 영안이 흐려지지 않은 야곱

야곱이 애굽에 들어와서 산 지 17년이 지났다. 130세에 애굽에
들어왔으니 147세가 된 셈이다. 야곱은 눈이 어두웠다(창 48:10). 아
버지 이삭도 눈이 어두워 보지 못했다. 어떻게 보면 야곱의 험악
한 세월에는 눈이 먼 아버지 이삭의 책임도 있다. 이삭이 눈이 멀
지 않았다면 야곱이 감히 아버지를 속일 엄두를 내지 못했을 것이
다. 아버지가 눈이 멀어 판단을 제대로 하지 못하니까 아내도 아
들도 아버지를 속이려 든 것이다.

지금도 같은 상황이 벌어졌다. 아버지가 병석에 눕자 요셉은 두
아들의 축복기도를 받기 위해 아버지를 찾아와서 오른손은 장남
므낫세에게, 왼손은 차남 에브라임에게 올리게 했다. 장남은 장남
의 복을, 차남은 차남의 복을 받는 안수기도를 받으려 한 것이다.
그런데 웬일인지 야곱이 손을 어긋나게 올린다.

이스라엘이 오른손을 펴서 차남 에브라임의 머리에 얹고 왼손을 펴서 므낫세의
머리에 얹으니 므낫세는 장자라도 팔을 엇바꾸어 얹었더라 창 48:14

요셉이 서둘러 실수를 정리하려고 한다.

"아버지! 손을 잘못 얹었어요. 얘가 장자이니 오른손을 이 아이
머리에 얹으세요…."

아버지는 눈이 멀었을 뿐 영안이 요셉보다 더 밝았다.

나도 안다 내 아들아 나도 안다 그도 한 족속이 되며 그도 크게 되려니와 그의 아
우가 그보다 큰 자가 되고 그의 자손이 여러 민족을 이루리라 창 48:19

이삭은 아들의 속임수에 넘어갔지만, 야곱은 영민한 아들의 지
적에 오히려 영적 분별 능력이 없다며 그를 질책한다. 이삭의 눈
멂은 영적인 어둠이었지만, 야곱의 눈멂은 육체적 어둠이었을 뿐
영적 어둠은 아니었다. 아니 오히려 영안이 더 밝아졌다. 성화가
되니 성안(聖眼)으로 밝아지고 축복의 물길이 어디로 흐르는가를
정확히 판단하고 선택한다. 진정한 성화의 모습이다. 그러니 요셉
을 비롯한 아들들이 성화된 아버지의 경건함에 머리를 숙인다.

야곱의 통찰

야곱은 임종 직전에 열두 아들에게 예언한다.

너희는 모이라 너희가 후일에 당할 일을 내가 너희에게 이르리라 너희는 모여
들으라 야곱의 아들들아 너희 아버지 이스라엘에게 들을지어다 창 49:1-2

야곱의 유언이 위대한 것은 미래에 성취될 예언이기 때문이

다. 그만큼 아버지 야곱은 성화된 노년을 보냈다. 아브라함은 노년에 후처를 얻어 6명의 자식을 낳으면서 비범했던 사람이 평범한 가장으로 내려앉았고, 175세에 죽으면서 어떤 유언도 남기지 않았다. 이삭은 처음부터 평범한 사람이었고 죽을 때도 평범했다. 180세를 살았지만 그 역시 기록된 유언이 없다. 그러나 야곱은 달랐다. 젊었을 때는 아브라함의 손자, 이삭의 아들이라는 말이 부끄러울 정도로 지질하게 살더니 애굽으로 이주한 후 비약적인 성화를 이룩한다. 아들 요셉을 통해 성취되는 하나님의 언약을 확인하자, 야곱은 노년의 때를 자신의 지난 삶을 돌아보며 회한과 참회로 점철했고 기도와 순종의 삶을 살게 되었다. 그리고 그는 임종을 맞아 아들들을 불러 당당히 축복의 기도를 해준다. 야곱은 다정다감한 아버지는 아니었지만 열두 아들의 기질과 내면을 통찰한 아버지였다.

각 사람의 분량대로 축복하였더라 창 49:28

성화된 사람은 각 사람의 분량과 내면을 통찰하기에 각 사람에 맞는 축복을 해준다. 야곱의 기도는 그런 만큼 능력이 있고 그의 예언은 훗날 모세의 예언의 토대가 될 만큼 신령했다(신 33장). 아버지의 성화의 위력 앞에 아들들은 누구의 축복이 더 좋으니 나쁘니 토를 달 수가 없었다. 아버지의 권위에 압도될 따름이었다.

레아 곁으로

야곱 족장은 노년에 초고속 성화를 해 나갔다. 야곱의 성화의 클라이맥스는 이것이다.

나도 레아를 그곳에 장사하였노라 창 49:31

레아 옆에 묻어 달라는 것이다. 열두 자식을 친아들처럼 품어 준 레아를 명실공히 본부인으로 인정하는 발언이다. 레아가 살았을 때 이 말을 들었다면 얼마나 기뻤을까? 레아의 여섯 아들들은 아버지에게 인정받지 못했다. 르우벤은 서모와 통간하는 용서할 수 없는 죄를 저질렀고, 시므온과 레위는 세겜 남자들을 몰살하는 위험천만한 짓을 저질렀으며, 기대주 4남 유다는 며느리와의 사이에서 쌍둥이를 얻었다. 그밖에 스불론과 잇사갈은 눈에 띄지도 않았다. 그렇게 아버지에게 괄시받던 레아의 아들들은 어머니 레아 옆에 묻어 달라는 유언을 듣고 순식간에 상처와 분노가 씻겨 나갔을 것이다. 아무리 요셉이 형제들을 통합시키려 했다 해도 레아의 아들들이 협조해 주지 않았다면 봉합은 되어도 결속은 힘들었을 것이다.

12개의 높은 봉우리를 하나로 묶어 이스라엘이라는 최고봉을 만들어 낸 것은 요셉의 인격 성화와 아버지의 경건 성화 덕분이었다. 이것이 성화가 이루는 업적이다. 야곱은 이걸 인생 후반전에야 이룬다. 일찍 성화되었다면 주변 사람들에게 해를 끼치지 않았을 것이라는 아쉬움이 있지만 그래도 얼마나 다행한 일인가.

미국의 시인 샌드버그(Carl Sandburg)는 "나무는 쓰러뜨려 보아야 그 크기를 알 수 있듯이 사람도 누운 후에야 그의 크기를 알 수 있다"고 했다. 아버지 야곱은 147세를 일기로 누웠다. 누워 있는 아버지의 시신을 보니 참 크신 분이다. 열두 아들은 각자에게 선포된 예언적 유언을 들으면서 아버지가 대단한 영성가이자 성화의 높은 반열에 올랐음을 알았다.

야곱의 성화는 단순히 하나님의 징계가 아니라 인내가 만들어낸 산물이다. 하나님의 참고 기다리심이 있었기에 성화가 된 것이다. 그래서 야곱의 성화는 하나님의 작품이라 말할 수 있다. 우리 역시 하나님의 성화 작품이 될 것이라는 예고이기도 하다.

눈물은 힘이 세다

소설가 이철환은 《눈물은 힘이 세다》에서 아들에게 들키지 않으려고 돌아앉아 흘리는 아버지의 눈물이야말로 힘이 세다고 역설한다. 조창인의 소설 《가시고기》나 김정현의 소설 《아버지》의 아버지들도 자식 앞에서 절대 눈물을 보이고 싶어 하지 않는다. 강하나 연약한 아버지들의 애환인지라 그들이 흘리는 눈물은 가슴을 치는 힘이 있다.

눈물의 심리학

대한민국에서 눈물은 심약한 자, 인생 패배자, 여성의 전유물로 치부한다. 가부장적인 아버지들은 아들에게 "남자는 딱 세 번만 울라"고 강요한다. 태어날 때, 부모가 떠나셨을 때, 나라가 망했을 때만 울어야 한다는 것이다. 그만큼 눈물은 허약함을 드러내는 것으로 믿었다. 고속도로 남자 화장실에서 '남자가 흘리지 말아야 할 것은 눈물만이 아니다'라는 글귀를 본 적이 있다. 물론 다른 뜻이지만 그 안에는 '울지 않으면 강한 남자, 울면 약한 남자'라는 공식을 담고 있다.

그러나 세상을 살다 보면 울고 싶을 때가 세 번이 아니라 삼백 번도 더 있다. 그리고 울고 싶을 때는 울어야 한다. 눈물은 참으라고 주신 것이 아니라 울라고 주신 것이다. 울라고 주신 눈물을 남자라는 이유로, 아버지라는 이유로 울지 않으면 병이 된다. 그래서 "슬플 때 울지 않으면 몸이 대신 운다"는 말이 생긴 것이다.

생리학 용어로 '누액'이라 불리는 눈물은 98.5%가 수분(물)이고, 소량의 염분, 칼륨, 알부민, 글로불린 등의 단백질과 식염으로 이루어졌다. 그래서 눈물의 맛은 짜다. 눈물은 종류에 따라 짠맛의 농도가 다르다. 기쁨이나 슬픔의 눈물은 비슷하지만, 분노의 눈물은 더 짜다. 분노는 교감신경의 흥분으로 인해 나트륨 성분이 더 많이 나오기 때문이다.

남자는 여자보다 7년을 단명한다. 울지 못해서 쌓인 게 많은 탓이 아닌가 한다. 눈물을 밖으로 쏟아내지 못하니 안으로 나트륨이 계속 쌓여 간경화도 생기고 울화병도 생기고 하니 말이다. 아버지의 눈물은 어머니의 눈물 농도의 10배다. 흔히 남자의 눈물을 피눈물이라 하지 않던가. 사람이 짐승보다 장수하는 것은 잘 웃고 잘 울어서인데 이걸 억지로 참으면 필시 병이 된다.

여자도 세 번 운다. 태어나면서 울고, 자식이 결혼해 곁을 떠날 때(독립) 울고, 여성성이 끝날 때(폐경기) 운다. 특히 우리나라 여자들은 눈물이 많다. 한이 많다는 얘기도 된다. 한이 많음에도 남자보다 오래 사는 것은 눈물을 흘릴 줄 아는 지혜 때문이 아닌가 한다.

중국에는 '눈물방'이란 게 있다. 우리 돈으로 7,500원을 주면 실컷 울고 나올 수 있는 방이다. 눈물 흘리게 하기 위해 슬픈 음악도 들려주고 고춧가루, 마늘로 눈물샘을 자극하기도 한다. 억지로라도 울면 스트레스 해소에 도움이 된다고 생각하기 때문이다.

눈물은 힘이 세다

야곱은 강한 남자다. 강하다 못해 매몰차 보인다. 아버지를 속이고 형의 유산을 훔치고 부인과 자식들에게 독재자로 군림하는 야곱이지 않은가. 자신을 통해 대민족이 성취된다는 야망으로 물불을 가리지 않고 달렸고, 그 길에 걸림돌이 되는 것은 누구든지 쓰러뜨렸다. 남을 짓밟고 성공가도를 달리던 야곱에게 가장 어려운 것이 성화였다. 밧단아람에서 유능한 사업가로 성공할수록 성화는 오리무중이 되었다. 그 많은 재산으로도 행복하지 못했고 대가족을 이뤘으나 그로 인해 골치 아픈 일이 생겼다. 야곱은 남편으로선 철딱서니 없었고, 아버지로선 무심했다. 언약의 사람이었지만 그는 오랜 세월을 성화와 상관없이 살았다.

그런 야곱이 임종을 앞두고 성화의 최고봉으로서 그 면모를 드러낸다. 경건의 대명사 아브라함도, 평생을 일부일처제로 온유하고 평안의 삶을 살던 아버지 이삭도 하지 않던 축복기도를 해준 것이다. 야곱의 축복기도는 장엄한 선언이었고 예언이었다. 그는 그만큼 성화된 것이다.

죽음을 앞두고 갑자기 인생을 통달한 사람들이 보여 주는 일시적인 성화일까? 아니다. 임종을 앞두고 보여 주는 성화는 유언에만 머무르는 성화가 아니다. 온 삶에서 나오는 성화다.

야곱은 말년에도 성화를 위해 애쓴 흔적이 보이지 않는다. 할아버지처럼 꾸준하게 여호와의 이름을 부르는 일도 없었다. 아버지처럼 평생을 묵상으로 살아내지도 못했다. 할아버지의 경건함도 아버지의 온유함도 없었다. 그는 세속적이고 전투적이었다. 예배도 없고 기도도 없다. 그런데 그는 어떻게 믿음의 거성 아브라함과 이삭을 뛰어넘는 성화의 모습을 말년에 보이게 된 것일까?

야곱의 성화는 눈물이 가져온 것이다. 하지만 야곱 스스로 울고 싶어서 울었거나 회개함으로 울지는 않았다. 물론 얍복강 나루에서 눈이 빠지도록 울었다. 하지만 이 한 번의 눈물로는 성화의 무늬는 낼 수 있어도 성화의 체질은 만들어 내지 못한다. 그렇다면 언제 울었는가? 험악한 세월 동안이다. 야곱을 친 끊임없는 환란은 그의 눈에 눈물 마를 날이 없게 했다.

사랑하는 라헬을 잃고 울고 아내가 남기고 간 핏덩이를 받아들고 울고 요셉을 잃고 울었다. 디나가 세겜에서 성폭행당해서 울고 장남 르우벤이 서모 빌하와 동침해서 울고, 4남 유다가 아내를 잃더니 두 아들마저 잃는 것을 보고 울었다. 베냐민이 애굽의 인질로 잡혔을 때도 울었다. 야곱의 일생은 뜻밖에도 비가 오는 날이 많았다. 어떡하든 이기고 빼앗고 움켜쥐던 야곱의 일생에 이렇게 많은 시련과 환란이 있었다니 놀랍다.

마를 날 없는 이 눈물로 인해 야곱은 인생은 내 힘으로 어떻게 해볼 수 있는 게 아니라는 걸 알았을 것이다. 그러면서 그의 탄식은 회개로 바뀌었을 것이다. 어느 것으로도 성화가 안 되던 야곱의 눈물은 하나님의 긍휼을 초대하는 레일이 되어 성화를 이루는 데 결정적인 힘이 되었다. 그래서 눈물은 성화를 이루는 사람들에게도 힘이 세다.

눈물의 치료학

암을 세 번이나 극복한 어느 교수는 "내가 암을 이겨 낼 수 있었던 것은 맞춤 운동의 효과도 컸지만, 울고 싶을 때 크게 소리 내어 울었기 때문이다"라고 말했다. 영국의 다이애나 황태자비가 의문의 교통사고로 사망하자 영국인들이 많이 울었다. 신기한 일은 그해 우울증 환자가 평소의 절반 수준으로 떨어졌다는 것이다. 심리학자들은 이를 울음으로 스트레스를 날려 보낸 것으로 풀이하고 '다이애나 효과'라고 이름 붙였다.

일본의 시사주간지 〈아에라〉(AERA)는 30~40대 남녀 400명을 대상으로 눈물의 효능에 관해 조사했는데, 눈물이 직장과 일, 부부관계, 건강에 매우 큰 도움을 준다고 밝혔다. 고통에 차서, 한이 맺혀서, 마음이 아파서, 슬퍼서 목 놓아 울고 나면 그 행위 자체만으로 몸의 면역력을 증가시킨다. 마음껏 울고 나면 소화력도 좋아진다.

한참 울고 나서 허기가 지는 것은 이 때문이다. 한번 울 때 가능하면 오래, 세게, 길게, 크게 울어야 좋다. 횡경막이 떨릴 정도로 감정을 싣는 울음은 심인성 질환을 치유하는 만병통치약이다.

사람의 웃음은 엔도르핀이 생겨서 면역 세포를 증가시킨다. 웃음을 통해 생기와 힘을 얻을 수 있다면 울음을 통해서는 카타르시스를 경험한다. 30분을 계속 웃기는 힘들어도 30분 내내 울 수는 있다. 그런 의미에서 웃음이 가랑비와 파도라면 눈물은 소낙비와 해일이다. 세로토닌 연구의 최고 권위자인 아리타 히데호 교수는 목을 놓아 우는 것은 뇌를 한 번 '리셋'(재부팅)하는 효과가 있다고 한다. 남편을 잃은 사람이 며칠을 소리 내어 울고 나면 새 힘이 생기는 것은 눈물의 해일이 마음속에 있는 모든 아픔과 상처, 설움을 쓸어내리고 사람들을 재부팅해 주기 때문이다.

그럼에도 현대인들은 우는 데 인색하다. 웬만해선 감정을 드러내지 않고 참는 것이 미덕이라고 배웠기 때문이다. 남들 앞에서 눈물을 보이면 감정 조절을 못하는 시원찮은 사람으로 낙인찍힐까 두렵고, 자주 울면 가벼운 사람으로 비칠까 염려한다. 애써 눈물을 삼키는 습관은 사회생활에선 문제가 없을지 모르지만 건강에는 치명적이다.

영국의 정신과 의사 헨리 모즐리(Henry Maudsley)는 눈물을 "신이 인간에게 선물한 치유의 물"이라고 칭했다. 누구는 "눈물은 신이 내린 묘약"이라고 한다. 슬픔과 노여움을 쌓아 두지 말고 이따금씩 찾아오는 눈물의 쓰나미에 온몸을 맡기면 우리 인생이 재부팅

된다. 아랍 속담에 "항상 햇빛만 나면 사막이다"라는 말이 있다. 늘 웃고만 사는 사람은 성숙되지 않는다. 철이 안 든다는 것이다.

눈물이 넘쳐 나는 성경 이야기

성경은 웃음보다는 눈물의 책이다. 천지창조는 기쁨으로 시작한다. 창조를 하시며 "하나님이 보시기에 좋았더라"(창 1:4, 10, 12, 18, 21, 25) 하고 감탄하신다. 에덴 자체가 낙원, 즉 즐거운 동산이다. 그러나 죄가 들어오면서 인생은 웃을 일이 없어졌다. 하와에게는 잉태하는 고통이, 아담에게는 얼굴에 땀을 흘려야 식물을 먹고 마침내는 흙으로 돌아가는 무거운 짐이 주어졌다. 그때부터 인생은 웃음보다는 눈물이 더 많아졌다.

하지만 눈물 속에 하나님의 자비와 긍휼이 담겨 있다. 눈물은 영혼을 깨끗하게 한다. 눈물은 영혼을 맑게 정화시키는 샘물이다. 눈물을 흘릴 때 영혼의 창은 맑아진다. 영혼의 창이 맑아지면 하나님을 볼 수 있게 된다. 영혼의 창이 맑아지면 다른 사람의 아픈 마음도 읽을 수 있게 된다. 이것이 눈물의 힘이요 축복이다.

영국의 낭만파 시인 조지 고든 바이런(George Gordon Byron)은 하나님에 대해 말하면서 "망원경보다 눈물을 통해서 더 잘 볼 수 있다"고 했다. 그래서 성경에서 우는 사람은 경건한 사람이요 영성의 사람이다. 경건과 영성을 소유한 신앙인은 감성이 풍부하고 웃음과 눈물이 풍성한 사람들이다.

가룟 유다도 베드로도 허물이 있기는 마찬가지다. 유다는 배신을 했고 베드로는 배반을 했다. 그러나 유다는 망했고 베드로는 인생을 재부팅했다. 이유는 눈물이다. 유다는 가책만 느꼈지 울지 못했다. 베드로는 대성통곡을 했다. 대성통곡이 베드로의 심령 속에 해일을 일으켰다. 배반의 죄를 수면 위에 떠오르게 했고 치료했다. 그래서 새사람이 되었다. 이렇듯 눈물은 힘이 세다. 눈물은 성화를 일으킨다.

성경에서는 남자들이 더 많이 운다. 믿음의 조상 아브라함도 사라를 먼저 보내 놓고 슬퍼하며 애통했다(창 23:2). '슬퍼하다'는 히브리어로 가슴을 치며 크게 곡하는 것(삼하 11:26)이요 '애통하다'는 스스로 감정을 자제하며 눈물 흘리는 것(렘 9:1)을 말한다. 아브라함은 고생고생하며 모험의 길에 동반해 준 아내가 먼저 죽은 사실에 대해 견딜 수 없는 슬픔과 미안함을 느꼈던 것이다. 그래서 눈물로 그 슬픔을 달랬다.

이삭도 어머니를 장례한 후에 리브가를 아내로 맞아 위로를 얻었다(창 24:67). 위로를 얻었다는 것은 어머니를 사별하고 매우 슬퍼하며 울었다는 것을 내포한다. 리브가의 죽음에 대해서 알려지지는 않았지만 분명한 것은 이삭보다 먼저 세상을 떠났다. 이삭은 리브가를 떠나보내고 더 많이 울었을 것이다. 눈물이 없었다면 아내를 먼저 보내는 그 슬픔을 어떻게 감당하겠는가.

예수님도 33년 동안 많이 웃으셨을 것이다. 잔칫집을 좋아해서 다양한 사람들과 함께하며 많이 웃으셨을 것이다. 그러나 성경에는 웃었다는 기록은 없어도 우셨다는 기록은 몇 번 나온다. 예수님은 나사로가 죽었을 때(요 11:35), 예루살렘 입성 때, 불신의 성읍을 보시고(눅 19:41), 겟세마네 동산에서 기도하실 때(히 5:7) 우셨다.

크리스천은 울어야 한다. 눈에서 눈물이 말라서는 안 된다. 감사의 눈물이든지 회개의 눈물이든지, 아니면 속상해서 흘리는 눈물이든지 울어야 한다. 눈물은 광야의 새벽에 내리는 이슬이다. 눈물에 젖은 상한 심령일수록 하나님의 은혜가 임하고 성화가 된다. 성자들은 죄에 대해서 울고 하나님의 긍휼에 감격해서 울었다. 그러나 너무 눈물에 젖어 있으면 신앙의 뿌리, 영성의 뿌리가 썩는다는 사실도 함께 명심해야 할 것이다.

울어야 산다

남자의 눈물은 여자에 비해 양 자체가 훨씬 많다. 눈물 분비샘 꼬리가 여자보다 커서 눈물을 더 많이 만들어 낼 수 있기 때문이다. 평소에 울지 않던 남자가 한번 울면 닭똥같이 굵은 눈물을 뚝뚝 흘리는 것도 그런 이유에서다. 암 전문의 이병욱 박사는 《울어야 삽니다》에서 "남자야말로 여자보다 더 많이 울어야 한다"고 주장한다. 가슴속에 맺힌 분노, 화, 미움, 슬픔과 한을 눈물에 담아 쏟아내야 몸 안의 독소를 뽑아낼 수 있다는 것이다. 독소를 눈물로 해소하지 못하면 마음의 병과 함께 '암'이라는 종양이 되기에 쌓인 감정을 눈물로 씻어 내야 한다.

대한민국의 남자, 특히 아버지는 슈퍼맨이 아니다. 그냥 가족을 너무나 아끼고 사랑하는 한 남자일 뿐이다. 그러니 울어도 된다. 눈물은 때로 어떤 선언보다도 강력하다. 지도자들의 눈물은 국민에게 강한 인상과 감동을 준다. 스펄전(Charles Spurgeon)은 "천국은 메마른 눈으로 들어갈 수 없다"고 했다. 찬양하면서 성찬하면서 기도하면서 눈물 흘려야 한다.

눈물은 힘이 세다. 눈물이 있어야 성화가 된다. 야곱도 눈물로 성화가 되었다. 눈물이 없는 성화는 없다.

아버지로서 행복하고 싶다

우리 세대의 부모들은 자식들에게 버림받고 학대까지 당하는 첫 번째 세대라고 할 수 있다. 성경은 어버이를 공경하라고 가르치지만 부모들은 그것까지는 바라지도 않는다고 하소연한다.

"부모 공경은 바라지도 않아요. 공격만 당하지 않아도 좋겠습니다. 자식도 모자라 손자들까지 돌보느라 평생 수고했건만 무슨 일만 생기면 내 탓이라 공격하니 이제 몸도 마음도 지쳤습니다."

자녀에게 공격당하고 있다니, 귀가 의심스러울 지경이다.

아버지의 무게

야곱은 아버지로서 어땠을까? 아들 야곱도 아니고 동생 야곱도 아니고 남편 야곱도 아닌 아버지 야곱의 인생은 어땠을까?

아들 야곱은 고생 없이 자랐다. 어머니의 사랑을 독차지하며 나름 행복한 유년을 보냈다. 그는 조용한 사람이다. 이때 조용한 사람이란 장막에서 사랑을 받는 도련님을 말한다. 그런 야곱이 아버지가 되면서 험악한 세월을 살게 된다. 그는 네 아내에게서 열두 아들과 외동딸을 거느린 대가족의 가장이다. 당시 자식이 많은 것은 복 중의 복이었지만 가지 많은 나무에 바람 잘 날 없듯이 별의별 일을 다 당했다.

부부가 모두 서울대학교를 졸업한 어느 엘리트 가정이 있다. 부부는 네 남매를 두었는데 그중 맏이가 뇌성마비를 앓았다. 이 부부에게 나머지 세 남매의 행불행은 문제가 되지 않았다. 오로지 뇌성마비를 앓고 있는 장남이 행복한 만큼만 행복했다. 부부는 둘 다 개인적으로는 남부러울 것 없었지만 부모로서는 웃음을 잃고 얼굴에 그늘이 생기는 세월을 살아야 했다. 그래서 "부모는 가장 불행한 자식만큼만 행복하다"는 말이 있다.

야곱도 자녀들이 당한 불행으로 인해 아버지로서는 행복하지 못했다. 생사를 알 수 없이 실종된 아들, 성폭행당한 딸, 아내를 먼저 떠나보낸 아들, 불륜 아들이 있는데 아버지가 행복할 수 없다. 야곱은 훗날 애굽의 바로에게 험악한 세월을 살았다고 말했을 만큼 아버지로서 힘든 삶을 살았다.

대한민국의 부모들도 야곱에 비할 바가 아니다. 일제 강점기와 한국전쟁이라는 고난도 모자라 이산과 굶주림의 보릿고개를 겪은 부모들이 있는가 하면, 숨통을 죄는 독재시대와 국가 부도 사태인 IMF를 겪은 부모들도 있다. 그 어려운 시기에 가장으로 산다는 것이 얼마나 괴롭고 힘든 일이었겠는가. 이제 살 만하다 싶었더니 병을 앓거나 너무 오래 살아 자식들한테 짐이 되거나 한다. 참으로 기막힌 인생이다. 영화 〈국제시장〉은 그런 애환의 시대를 산 아버지들을 조명하고 있다. 주인공인 덕수는 원양어선 선장이 되는 것이 꿈이었지만, 동생들과 자식들 뒷바라지가 우선이기에 독일 광부로, 베트남 용병으로 떠돌며 청춘을 보낸다. 자식들은 그런 아버지 덕에 번듯한 직장을 다니며 살 만하지만, 아버지의 수고와 희생을 알지 못한다. 그런 험난한 세월을 살지 않았기 때문이기도 하고 아버지로서 당연한 희생이라고 생각하기 때문이다. 어느 날 덕수는 자신에게 이렇게 물으며 탄식한다.

"너는 누구니? 꿈 많던 덕수는 어디 가고 애물단지 노인네만 여기에 있는 거니?"

자녀 노릇보다 부모 노릇이 더 힘들다. 특히 아버지 노릇이 참 힘들다. 자녀들한테 어머니는 가깝지만 아버지는 멀다. 그 거리만큼 아버지는 가정에서 소외될 수밖에 없다. 아버지는 자식들의 관심사에서 가장 나중이다. 그런 아버지가 은퇴하고 나면 순식간에 짐이 된다. 애물단지는 아니어도 구박덩이가 되기 십상이다. 대한민국의 아버지들은 야곱보다 더 처량하고 안쓰럽다. 교회는 그런 아버지들을 응원하고 존중하는 곳이어야 한다. 그래야 교회가 성화의 장소가 되고 성화의 삶을 살도록 서로 끌어 주는 영성의 자리가 된다.

늘 미안한 아버지

자식들이 상처 주는 말을 하면 아버지는 분노해야 하는데 도리어 미안해한다. 남들처럼 해주지 못해서, 남들처럼 때깔 나는 아버지가 되지 못해서 대한민국의 아버지들은 늘 미안하다. 일생을 퍼주고 살았으면서도 더 해줄 수 없어서 미안하다.

야곱은 어땠을까? 야곱은 교활하고 간사하며 비열한 인간이다. 이삭과 리브가에게는 불효자였고 자식들에게는 존경할 수 없는 아버지였다. 레아의 아들들에게 어머니는 이모인 라헬에게 남편의 사랑을 빼앗긴 채 평생 한을 품고 산 불쌍한 여인이었다. 그런 어머니의 한은 자식들에게 대물림되게 마련이다. 서모인 빌하와 동침한 르우벤은 아버지 침상을 더럽힘으로써 아버지에게 보복하고 동시에 라헬의 여종인 빌하를 범함으로써 라헬에게 앙갚음했다고 볼 수 있다. 그렇게 생각할 때 야곱은 르우벤에게 마냥 분노할 수만은 없었을 것이다. 원인 제공자는 자신이니까 한편으로 르우벤에게 미안했을 것이다.

라헬의 아들 요셉과 베냐민은 일찍 어머니를 잃었다. 아버지의 편애는 감사했겠지만 만삭인 어머니를 끌고 강행군한 아버지에 대한 원망이 아주 없지는 않았을 것이다. 그랬기에 야곱은 요셉이 실종되었을 때 더 크게 애통했을 것이다. 야곱은 그때 이미 죽은 목숨이나 다름없었을 것이다.

경부고속도로를 달릴 때마다 눈에 띄는 현수막이 있다.

'송혜희를 찾아 주세요!'

학교에 갔다가 돌아오지 않는 고등학교 2학년의 딸, 송혜희. 벌써 21년이 지났지만 아버지는 전국을 다니며 전단지를 뿌리고 현수막을 걸고 그 딸이 돌아오기만을 기다린다. 혹시 딸한테서 전화가 올까 봐 핸드폰 번호도 바꾸지 못했다. 엊그제도 조문을 가다가 고속도로에서 그 현수막을 보고 애통했다. 누군지도 모르지만 실종된 딸을 찾는 부모의 마음을 헤아릴 수 있기에 가슴이 몹시 아팠다.

야곱은 실종된 아들을 찾아 현수막 하나 제대로 걸지 못했다. 자식들이 물증으로 가져온 피 묻은 채색옷은 아들이 살아 있을지도 모른다는 일말의 기대를 무참히 짓밟았다. 야곱은 잃어버린 요셉을 가슴에 품고 아픈 세월을 살아야 했다. 그런 아들을 20여 년이 흘러 만났다. 얼마나 가슴 벅찬 기쁨이었을까. 한편으론 애굽에서 총리가 된 아들 덕분에 분에 넘치는 대접을 받을 때마다 문득문득 요셉에게 얼마나 미안했을까.

'고아로 이국땅에서 머슴도 되고 누명을 써서 옥에도 갇히고… 아버지가 가장 필요했을 때 옆에 있어 주지도 못하고… 얼마나 힘들었느냐?'

아들이 보낸 버금수레, 일종의 꽃마차를 타고 가면서 아버지는 기쁨보다 미안한 마음이 컸을 것이다. 용서를 구하는 심정으로 아들의 호강을 받았을 것이다.

여종 출신의 실바와 빌하 자식들에게 야곱은 비정한 아버지다. 그들은 야곱의 아들이지만 서자였고, 같은 형제였지만 종이었다.

그런 그들의 처지를 생각할 때 아버지 야곱은 누구보다 그들을 따뜻하게 보듬어 주어야 했다. 하지만 야곱은 그런 배려를 하지 못했다. 그러니 나머지 형제들이 그들을 존중했을 리 없었을 것이다. 훗날 성화가 되면서 야곱은 아버지로서 이들에게 많이 미안했을 것이다.

무책임하고 비정하며 편애하는 아버지로 인해 열두 아들은 얼마든지 탈선할 수 있었다. 불효자 집에서 불효자가 나오고 무정한 아버지에게서 무정한 자식이 나오는 것이 세상 이치다. 하지만 야곱의 아들들은 아버지를 닮지 않았다. 눈먼 아버지 이삭을 멋들어지게 속인 야곱에게 하나님은 효자 아들들을 주셨다. 야곱이 예뻐서가 아니라 야곱의 자손들을 통해 민족을 이뤄야 했기 때문이다. 야곱의 열두 아들은 형제들끼리는 서로 반목하며 암투를 벌였지만 아버지에게만큼은 효자였다. 아버지의 침상을 더럽힌 장자 르우벤조차 아버지의 권위에 도전하지 않았다. 애굽에 쌀을 구하러 갔다가 베냐민이 인질로 잡히게 되자 아들들이 "이 아이를 데려가지 않으면 우리 아버지가 죽습니다"(창 44:31)면서 통사정하지 않았던가. 그들은 먼저 아버지의 안위를 걱정하는 효자들이었다.

불효자 아버지 밑에서 효자 아들들이 나온 것이다. 하나님의 은혜이지만 아버지로선 미안한 일이다. 야곱이 성화되어 가면서 이처럼 효성스런 자식들이라서 더 미안했을 것이다.

아버지가 행복해야 어머니가 행복하고 어머니가 행복해야 집안이 행복하고 집안이 행복해야 교회가 행복하다. 교회가 행복하면 온 나라가 행복하다. 자식은 아버지에게 웃음을 선물해야 한다. 금수저를 물려주지 못한 것을 미안해하는 아버지들이 환하게 웃을 수 있도록 더 많이 애정을 표현하고 존경을 표현해야 한다. 그럴 때 아버지들의 성화가 무르익을 수 있다.

아버지의 행복

야곱의 자식들은 아버지를 공격하지 않았다. 내 어머니에게 잘못했다고, 내게 해도해도 너무했다고, 아버지를 '공격'하지 않고 '공경'했다. 아들들의 아버지 공경은 야곱이 말년에 성화되도록 했다. 자식들이 아버지의 성화를 도운 것이다. 아들들이 아버지를 원망하고 비난하고 공격했다면 아버지는 더 완악해졌을 것이다. 그랬다면 만나기만 하면 다투고 싸움박질해대는 패륜의 집안이 되었을 것이다. 열두 아들이 하나같이 효자였던 것은 천만다행한 일이다.

야곱은 20여 년 만에 요셉을 만나 이렇게 말한다.

내가 네 얼굴을 보았으니 이제 죽어도 족하도다 창 46:30

아들이 총리가 되어서 여한이 없다는 것인가? 그게 다는 아니다. 요셉이 총리가 됨으로써 별처럼 모래알처럼 많은 대민족이 되리라는 하나님의 언약이 성취될 줄로 확신했기에 여한이 없다는 것이다. 형의 눈에 피눈물이 나게 하고 집안의 평화를 깨뜨리면서까지 언약 축복을 빼앗은 야곱이 아닌가. 그러니 야곱으로선 언약의 성취가 이뤄져야 형과 부모님에게 덜 미안했을 것이다. 그렇게 조바심을 내던 차에 비옥한 땅 고센에서 언약의 성취를 보게 될 것으로 기대되니 너무 기뻤고 특히 요셉에게 감사했다.

요셉은 너무 잘 컸다. 이국땅에서 철저히 혼자인 상태에서 하나님을 의지했고 믿음을 지켰다. 더구나 자신을 팔아넘긴 형들을 용서했다. 그것도 그냥 용서한 게 아니라 언약 신앙 안에서 용서했다. 잡신의 나라 애굽에서 하나님을 잘 믿는 총리가 되었으니 얼마나 기특한 아들인가! 죽어도 여한이 없다는 행복한 아버지, 열두 아들이 이렇듯 아버지 한 분을 행복하게 해드린 것이다.

송혜희의 아버지 송길용 씨(65세)에게도 꼭 딸을 만나는 기적이 일어났으면 좋겠다. 그 현수막을 볼 때마다 나도 기도한다. 살아 있게 해달라고, 꼭 만나게 해달라고…. 혜희야, 꼭 살아 있어라. 만일 아버지가 딸을 만나는 꿈같은 일이 일어난다면 아버지는 이렇게 말하지 않겠는가.

"혜희야, 지켜 주지 못해서 미안해. 일찍 찾아 주지 못해서 미안해."

딸은 뭐라고 대답할까?

"아버지의 수고 다 알아요! 21년을 찾아 헤맨 아버지가 어디에 있겠어요! 엄마는 견디지 못해 돌아가셨는데, 아빠는 끝까지 저를 찾았잖아요!"

그 한마디에 아버지는 얼마나 행복할까? 이 땅의 아버지들은 자식의 말 한마디에도 가슴이 벅차게 행복하다. 어버이날에 두 아들이 약속이나 한 것처럼 똑같은 말을 편지에 썼다.

"아버지가 있어 행복해요!"

아버지가 우리 아버지여서 행복해요, 아버지에 대한 이보다 더 큰 찬사가 어딨을까! 나는 해준 게 없어 늘 미안한데, 그럼에도 이런 말을 들으면 온몸이 뻐근해지도록 행복하다.

아버지 야곱이 그랬을 것이다. 열두 아들 모두 효자가 되게 하신 하나님의 은혜에 감사하며 야곱은 성화되어 간다. 자식들에게서 감동과 은혜를 받고 성화되어 가는 것이다. 그렇기에 성화된 '아버지 야곱'은 하나님이 열두 아들과 함께 만든 합작품이다.

우리 앞에만 서면 늘 미안해하던 아버지, 더 많이 주지 못해 더 많이 놀아 주지 못해서 미안해하는 아버지들도 이제는 행복한 아버지들이 되어야 한다. 성화로 나아가는 아버지가 행복한 아버지다.

성화 없는 열심은 광신이다

한국종교문화연구소의 산파 역할을 한 정진홍 서울대 명예교수는 지하철에서 금지사항 목록을 발견하고 마음이 착잡했다고 한다.

'상행위, 구걸, 선교, 소란 행위 금지.'

정 교수는 종교적인 전도 행위 '선교'가 '상행위, 구걸, 소란 행위'와 나란히 적힌 이 목록을 보면서 묻는다.

"신성이 속화된 것일까? 속이 성화된 것일까?"

마침 성화에 관한 이 책을 쓰던 중에 이 기사를 읽고 오래전의 일이 떠올랐다. 그날은 출근 시간이 지난 터라 전철은 만원도 아니었고 그렇다고 여유 있지도 않았다. 갑자기 40대의 중년 남자가 승객들을 헤치며 큰소리로 외쳤다.

"예수 믿으시오! 안 믿으면 지옥 가!"

복잡한 전철에서 거의 반말조로 고함치며 앞으로 나아가려고 밀치자 승객들이 "왜 밀치느냐", "시끄럽다"고 항의했다. 그러자 그는 항의하는 승객들에게 위협하듯이 외쳤다.

"지옥 가려고 그래? 아무 소리 말고 예수나 믿어!"

아예 우격다짐에 가까웠다. 여기저기서 한마디씩 하느라 전철 안은 소란스러워졌다. 내 옆에 있던 사람도 불만을 터트렸다.

"교회 나가고 싶어도 저런 인간들 때문에 가기 싫어! 교회에 미쳐도 정도껏 미쳐야지!"

이럴 때 나는 누구의 말에 동조해야 할까? 나는 궁시렁거리는 사람들 편에 섰다. 그래서 무례한 전도인에게 점잖게 한마디했다.

"아저씨, 나도 교회에 다니는 사람이지만, 목소리가 너무 크네요!"

그랬더니 그 사람이 옳다 너 잘 만났구나, 하는 심사로 나에게 쏘아붙였다.

"전도하지 못하거든 입이나 다물어!"

입을 다물라기에 다물어 버렸다. 입을 다물지 않으면 신자끼리 싸울 판이다. 내가 입을 다물자 그는 의기양양해서 다른 칸으로 이동하며 계속 고함을 질러댔다. 불만에 찬 승객들의 목소리가 그 뒤를 따랐다.

그날 이후 나는 과연 그 사람과 나 중에 누가 주님을 위한 일을 한 것일까 생각해 본다. 사람들의 항의를 들으면서도 영혼 구원을 위해 전도한 그가 주님을 위한 일을 했을까, 모든 교인이 저 사람 같지 않다는 걸 보여 주기 위해 절제하라고 조언한 내가 주님을 위한 일을 한 것일까? 누가 성화의 자리에 있었을까?

지금도 내 행동에 대해 후회하지 않는다. 똑같은 상황이 다시 벌어진대도 그때와 같이 행동할 것이다. 전도 행위 자체를 절제하라는 얘기가 아니다. 적어도 예의를 갖춰야 한다고 말하는 것이다. 단정한 복장으로 공손하고 겸손한 자세로 복음을 전해야 한다는 것이다. 특히 혼잡한 전철이나 공공장소에선 절제가 필요하며 굳이 전해야 한다면 적어도 양해를 구해야 한다. 누군가 조언을 한다면 "소리를 낮출게요" 하고 겸손한 자세를 보여야 한다.

사실 옆자리 승객에게 복음을 전하는 것도 대단한 일인데 항의를 견디면서까지 예수 믿고 구원받자고 외치는 것은 대단한 용기가 필요하다. 그때도 나는 목사였다. 평신도는 열심히 전도하고 목사는 전도하지 말라고 제지하다가 입 닥치라는 책망을 들었다. 전도의 측면에서 보자면 나는 전도나 말리는 나쁜 목사이고 그는 대단히 순교자적인 전도인이다. 승객들은 누구에게서 더 크리스천의 모습을 보았을까? 욕을 먹고 매를 맞을 각오로 담대하게 전도하는 열정을 보고 크리스천은 열정적이라고 생각했을까, 자제를 요구하는 나를 보고 크리스천이라고 다 막무가내는 아니라고 생각했을까?

잘잘못을 따지자는 게 아니다. 크리스천의 성화를 말하는 것이다. 전도 방식이 문제다, 라고 지적하는 나도 온전한 성화의 모습을 보이지는 않았지만 승객들의 불만을 사면서까지 전도하는 무례한 남자도 성화된 열정은 아니다.

광신과 헌신 사이

한국 교회의 열심을 왜 비신자들은 헌신이 아니라 광신으로 보는 걸까? 광신과 헌신의 차이는 무엇일까? 같은 열심인데 누구는 광신이라고 빈축을 사고 누구는 헌신적이라고 존경을 받는 이유는 무엇일까?

광신은 미친 믿음, 광적인 믿음, 정상적이지 못한 믿음을 의미하는 것 같다. 사전적 해석은 도를 넘어 지나치게 믿는 것, 자기 신념을 지나치게 믿어 관용과 이성을 잃은 태도를 말한다. 광신은 선악을 구별하는 일반적인 기준을 무시한 채, 수단과 방법을 가리지 않고 종교적인 행위에 열정적인 신자들을 말한다. 이런 사람들은 아무리 열심을 내고 주님을 위한다고 전도하고 다녀도 그걸 헌신으로 봐주지 않는다. 이유는 간단하다. 그들에게서는 성화의 모습이 나타나지 않기 때문이다.

우리 주변에는 열심히 전도하고 주님을 증거하는 성도들이 많다. 길거리에서, 광장에서, 지하철에서 옷매무새를 단정히 하고 자신의 신념을 또박또박 말하는 이들을 나무랄 사람은 아무도 없을 것이다. 비록 신앙이 없더라도 그 열심에 탄복할 것이다. 같은 믿는 사람이라면 그 용기를 부러워하며 그렇지 못한 자신을 부끄러워할 것이다.

하지만 그날 전철에서 만난 그 사람에게서는 도덕심을 찾아볼 수 없었다. 그저 자기만 옳다고 주장한다. 비신자들은 믿지 않아서 옳지 않고 나 같은 사람은 전도하지 않기 때문에 옳지 않다. 누군

222

가 반박하면 욕설을 퍼부으며 싸우려고 든다. 그런 사람을 가리켜 광신자라고 부른다.

하나님은 신앙생활을 열심히 하라고 한다. 하지만 신앙의 열심을 위해 도덕적인 체계까지 무시하라고 하시지 않았다. 우리가 살고 있는 세상의 윤리 체계를 무시하지 말라는 얘기다. 성화에 대한 갈망이 있으면 세상을 무시할 수 없다. 광신자들은 성화를 도외시한 한국 교회가 낳은 불량품이라고 보아야 할 것이다.

성화를 못하는 이유

한국 교회 안에 성화의 공백이 너무 크다. 제자훈련에서도 성화가 차지하는 부분이 너무 적다. 대구 동신교회 권성수 목사는 국민일보와의 인터뷰에서 "앎이 실천이 아니다. 아는 대로 살도록 제자훈련해야 한다"고 말했다. 삶에서 성화가 되지 않는다면 제자의 옷은 걸칠 수 있어도 진정한 예수님의 제자는 아니다. 예수님의 제자라면 성화를 최우선으로 설정해 놓고 나팔꽃처럼 성화 기둥에 감아 올라가야 한다. 성화가 배제된 신앙생활과 사역은 굉장히 위험하다. 율법주의자가 되든지 세속주의자가 되든지 둘 중 하나가 될 뿐이다.

교회가 강조하는 전도, 성경공부, 기도, 다양한 프로그램 등의 3분의 1만이라도 성화를 강조했다면 한국 교회가 이렇게까지 실추되지 않았을 것이다. 설교에 애쓰는 만큼 성화를 위해 겸손하고 본을 보이는 목회를 했다면 한국 교회가 지금과 같은 벼랑 끝 위기에 처하지 않았을 것이다. 목회자들이 성화의 본을 보여 주지 못하는 것도 성화가 일어나지 않은 이유다. 서울산교회의 서영실 목사는 그의 박사학위 논문인 '기독교인들이 담임 목회자에 대하여 갖는 만족도'에서 교인들은 목회자의 목회 사역과 영력, 기도 생활에는 대체로 만족하나 지도자상(像)에는 그리 만족하지 못한다고 지적했다. 전국 27개 시군구에 속한 교인 1062명을 대상으로 설문 조사한 내용에 따르면, 담임목사의 설교와 예배 인도, 심방, 상담 사역에는 77.1점을 줘 대체로 양호했다. 성도들은 담임목사가 설교를 잘한다고 생각(73.4%)하지만 같은 항목에서 장로들은 49%가 담임목사의 설교를 좋아하지 않는다고 응답해서 평신도들과 대조를 이루었다. 서영실 목사는 이에 대해 일반 성도보다 목회자와 가까운 장로들은 목회자에게서 나타나는 사람 냄새에 실망하기 때문이라고 해석했다.

담임목사의 가르침에 성도들의 78%가 순종하는 것으로 파악됐지만 불순종하는 성도 중 58.7%는 목회자의 설교와 삶이 일치하지 않기 때문이라고 답했다. 특히 목회자의 품위 있는 언어 사용은 평균치보다 낮았다. 강단에서보다 개인적인 언어생활에서 더 낮았다.

목회자들의 목회 실력은 그런 대로 높은 점수를 받았지만, 그들의 삶과 인격지수는 낮은 점수를 받았다. 인격지수가 곧 성화지수다. 목회자들이 강단 위보다 강단 아래에서 성화가 이뤄지지 않고 있는 것이다. 이는 그대로 신자들에게 전수되어 한국 교회에 영적 공백을 만들고 있다.

크리스천은 생활 성화로 말한다

한국 교회가 성화에 약한 또 다른 이유는, 성화가 강단 성화, 신학 성화, 교리 성화 따위의 뜬구름을 잡는 차원에 머물기 때문이다. 그래서 머리에만 성화가 있다. 성화는 누구보다도 많이 알고 이해하고 설명하는데 정작 성화는 안 보인다. 성화조차도 학문화하고 배움으로 만족하고 있는 것이다.

성화는 생활에서 흘러나와야 한다. 성화는 자신을 위하지만 동시에 타인을 위한 것이다. 남들을 웃게 하는 것, 행복하게 하는 것, 그들을 성공시켜 주려 노력하는 것, 넘어진 자들을 일으켜 세워 주는 것, 이런 것이 성화다. 친절하게 전화하고 전화받으며, 공손히 인사하고, 자리를 양보하며, 휴지를 아무 데나 버리지 않을뿐더러 주워서 휴지통에 담고, 공공장소에서 큰 소리로 떠들거나 말하지 않으며, 심방 간 병원에서 큰소리로 기도하고 찬양하지 않고, 식당에서 종업원이라고 함부로 대하지 않으며, 공짜라고 반찬을 너무 많이 달라고 하지 않는 것. 이런 것이 성화다. 성화는 여행지에서도 나타나야 하고 화장실에서도 나타나야 한다. 백화점에서도 엘리베이터에서도 운동장에서도 나타나야 한다. TV 시청을 할 때, 인터넷과 스마트폰을 사용할 때도 카톡에서도 성화가 나타나야 한다. 이런 것이 진짜 생활 성화다. 생활 성화가 없는 성화는 무늬에 불과하다.

어느 동네 슈퍼마켓 주인이 손님에게 말했다.

"우리 동네 교회에 목사님이 새로 오셨답니다. 그런데 설교를 잘한대요."

"그 교회에 나가시나요?"

"아니요."

"그런데 어떻게 그 교회 목사님이 설교를 잘하는 줄 알아요?"

주인이 말했다.

"우리 집에 외상값을 갚지 않던 저 교회 교인이 오늘 외상값을 갚았어요."

성화는 예배당에서만 만나게 되는 종교 목록이 아니다. 예배할 때 기도할 때 찬송할 때 은혜가 되고 마음이 숙연해지면 성화가 되는 느낌이다. 하지만 이것이 예배당에서만 일어난다면 그것은 성화가 아니라 종교적 위선이다. 예배당을 벗어나서도 신앙 행위에서 오는 성화되는 느낌이 그대로 유지될 때 진정한 성화를 이루고 있는 것이다. 종교적 위선자들은 아무리 수가 많아도 교회의 부흥을 가져오는 게 아니라 교회의 변질을 가져올 것이다.

한국 교회가 회복되려면 성화 신앙으로 일어나야 한다. 무슨 캠페인처럼 벌어지는 성화운동은 절대 사절이다. 수많은 사람이 모여

질질 짜면서 눈물 흘리는 회개운동도 이제는 그만했으면 좋겠다.

불심이 깊은 불교도들이 남한강에 물고기들을 방생한 뒤 횟집에서 점심을 먹고 돌아온다는 글을 읽은 기억이 난다. 살생을 금하는 것은 소극적인 선행이요 방생은 적극적인 선이라 하여 포획된 물고기나 새, 짐승을 살려 보내는 방생재를 지낸 바로 그날 물고기를 입에 넣다니, 얼마나 이율배반적인가. 크리스천은 그렇지 않은가? 사랑하라는 설교를 듣고 이웃을 미워한 것을 눈물로 회개하고는 주차장에서 신자들끼리 다툰다. 남을 먼저 대접하라는 본문에 깊이 감명을 받았다고 입으로 고백하고는 애찬실에서 내 손자 고기 한 점 더 먹이려고 다른 할머니에게 눈을 흘긴다.

우리 믿음에 하나님의 은혜를 더 많이 집어넣어야 한다. 말씀과 기도를 통해 집어넣는 은혜는 오래가지 못한다. 마음은 은혜를 오래 담아 놓을 그릇이 아니다. 하루에도 몇 번씩 바뀌는 것이 마음이기 때문이다.

우리가 은혜 안에서 살아가려면 실생활에서 성화생활을 해야 한다. 들은 말씀과 드린 기도, 부른 찬송을 생활로 살아내야 한다. 들은 말씀을 생활로 살아내야 하고 드린 기도를 생활에서 살아내야 하고 부른 경배 찬송을 생활에서 몸으로 살아내려고 할 때 은혜 안에서 자라 가며 은혜의 사람이 된다. 은혜의 체질이 되는 것이다. 하나님의 은혜가 아니면 우리는 아무것도 아님을 날마다 자각하고 고백하며 사는 것이 성화의 여정이다. 바울은 말한다.

너희는 하나님의 은혜에 이르지 못하는 자가 없도록 하고 또 쓴 뿌리가 나서 괴

롭게 하여 많은 사람이 이로 말미암아 더럽게 되지 않게 하며 히 12:15

바울은 지금 성화구원을 말하고 있다. 천국 구원이 고백이라면 구원받은 증거는 성화로 나타나야 한다. 우리는 예수님 안에서 구속함을 받았다. 그리스도 안에 있는 것, 그것이 구속이다. 그리스도가 내 안에 계시는 것 그것이 성화다. 이제는 내 안에 계신 예수님을 사람들에게 보여 주며 살아야 한다. 사람들이 나를 통해 예수님을 볼 수 있어야 한다. 그것은 내면의 성화가 밖으로 드러나는 생활 성화로 가능하다. 그렇기에 생활 성화가 없으면 신앙생활을 제대로 하고 있다고 말할 수 없다.

에필로그

이 책을 집필하면서 성화에 대한 어떤 책도 읽지 않았고 참고도 하지 않았다. 실력이 있어서가 아니라 내 나름의 성화 신학, 생활 성화의 매뉴얼을 제시해 보고 싶었기 때문이다. 물론 예전에 읽은 성화 관련 책이 생각나면 인용을 했다. 다만 이 책을 쓰기 위해 성화 관련 도서를 일부러 참고하지는 않았다. 기존의 성화 관련 도서가 말하는 성화가 내가 쓰고자 한 성화와 성격이 달랐기 때문이다. 책을 쓰면서 내가 붙든 화두는 이런 것이다.

'우리는 왜 오랜 믿음에 성화를 더하지 못할까?'

'한국 교회는 왜 이렇게 성화 문맹이 되었을까?'

언제부터인지 모르지만 한국 교회는 믿음과 생활이 유리되었다. 믿음과 생활이 따로 놀고 직분과 성격이 같이 가지 못하고 예배당 안과 밖의 모양이 다르다. 그렇게 오래 믿고 말씀을 알았으면 성화의 모양이 나타나야 하는데, 성화에 관심도 없거니와 아예 모르는 사람도 있다. 일종의 성화 문맹자들이다.

문맹은 배우지 못하여 글을 읽거나 쓸 줄 모르는 사람을 말한다. 색채를 분간하지 못하면 색맹, 컴퓨터를 할 줄 모르면 컴맹이다. 학식이 전혀 없는 사람은 문맹불학이다. 문맹의 대상 연령은 나라마다 조금씩 다르다. 한국은 초등교육 6년과 중등교육 3년의 의무교육이 끝나는 만 15세, 미국은 14세, 남아프리카공화국은 10세, 스리랑카는 5세를 최하 연령으로 삼고 있다. 이때까지도 글을 모르면 문맹인 것이다.

성화문맹은 성화 자체를 아예 모르거나 성화에 대해 아는 게 없는 신자를 말한다. 30년, 50년을 믿고도 성화문맹자들이 수두룩하다. 성화 자체를 아예 모르는 것이다. 안다 해도, 거룩하게 살아야 한다는 원론적 수준 정도다. 성화에 대해 문맹이니 당연히 성화에 대한 갈망이 없고 성화가 없으니 믿음의 뿌리는 있는데 열매는 없는 종교나무들이 무성하다. 그러니 예수님에 대한 순종이 없이 잘도 교회 생활을 한다. 예수 없이도 교회를 적당히 잘 다닐 사람들이다.

미국의 사회학자 필 주커먼(Phil Zuckerman)은 '종교 없음'의 현상을 연구하는 사회학과 교수다. 그의 책《종교 없는 삶》은 언론의 뜨거운 주목을 받았다. 제목과 다르게 종교를 비난하는 책은 아니다. 다만 종교 없이도 건강한 삶이 가능하다고 말하고 있다. 종교가 필요 없다는 것을 에둘러 말하고 있는 것이다. 이 책은 종교 없는 사람들의 내면과 삶의 방식을 탐구하여 종교 없이 살아도 괜찮을지, 자녀를 종교 없이 키워도 될지, 종교 없는 사회를 어떻게 바라보아야 할지, 고난이나 큰 병을 만났을 때 종교 없이 어떻게 대처할지 등 막연한 불안감을 가지고 사는 현대인에게 실질적인 도움이 되는 지침을 제시한다.

"신이 없는 사회가 점잖고 쾌적한 곳이 될 수 있다."

주커먼의 이 말은 듣기 거북하지만, 귀담아들을 필요가 있다. 그동안 종교가 세상에 끼친 공헌도 많지만 해악도 많다. 지금 세계에서 가장 많은 살인과 살상을 하는 집단도 사실은 종교 국가요 종교인들이다. 종교 때문에 박해를 받고 살해당하거나 순교당한 사람이 전쟁으로 죽은 사람보다 많고 교통사고로 인한 사망자보다 훨씬 더 많다.

종교의 해악들

필 주커먼은 그의 책에서 탈종교화의 원인으로 종교와 정치적 보수주의의 결탁, 종교지도자들의 부정부패, 여성의 사회진출 증가, 동성애로 대표되는 사적 자유에 대한 이해 증진, 인터넷과 SNS의 발달 등을 꼽는다. 동시에 중요한 포인트가 있다. 종교 교단이 보여 주는 반종교적 일탈과 전혀 종교인답지 못한 인격과 행동거지에 비신자들의 실망이 많은 사람들을 '종교 없음'을 선택하게 만드는 것이다. 종교, 혹은 종교인 스스로가 자살골, 자책골을 너무 많이 넣고 있는 것이다. 종교계는 그런 지적에 할 말이 없다.

2018년 미국 펜실베이니아주 검찰은 주내 가톨릭 성직자들의 성폭력 사건 조사 결과를 담은 A4 용지 1356쪽 분량의 보고서에서 "상습적이고 광범위한 아동 성폭력이 자행됐으며 각 교구는 이를 묵인해 왔다"고 밝혔다. 가톨릭 교구 성직자 300여 명이 1940년대부터 최근까지 70여 년간 최소 1000명 이상의 아동을 성추행, 성폭행했으며, 이는 신원을 밝히는 데 동의한 피해자 수치로서 실제로는 훨씬 더 많을 것이라고도 했다. 한편, 토니 블레어(Tony Blair) 전 영국 총리가 설립한 비영리 단체 '토니 블레어 인스티튜드 포 글로벌 체인지'는 2017년 이슬람 극단주의자들의 폭력으로 전 세계 66개국에서 적어도 8만 4023명이 목숨을 잃었다는 내용의 보고서를 발표했다. 매일 60명의 무고한 사람들이 이슬람 극단주의자들에게 목숨을 빼앗긴 셈이다. 성추문으로 미국 대형 교회 목사들이 줄줄이 사임하는 가운데 미국의 대표적인 메가 처치, 윌로우크릭 교회의 유명 목사도 성추행 의혹 속에 사임을 했다.

국내 종교계라고 나을까. 대한불교조계종은 총무원장을 비롯해 집행부의 은처자 의혹과 성추행 및 유흥업소 출입 의혹 등으로 사표를 내고 새로운 집행부가 들어섰지만 아직도 후유증은 만만치 않다. 한국 교회도 추문이 끊이지 않고 있다. 입이 열 개라도 할 말이 없다. 별의별 악플들이 한국 교회를 향해 쏟아지고 있다. 인터넷의 시선으로만 본다면 한국 교회는 존재해서는 안 되는 종교 아편이다.

미국은 대통령 당선자가 성경에 손을 얹고 취임 선서를 하는 '신의 나라'이지만 최근 '종교 없음'이 가장 빠르게 성장하는 나라다. 1950년대 미국인 중 종교 없는 사람은 5%에 불과했고 1990년대까지만 해도 8%에 머물렀으나 2000년 이후로 그 비율이 크게 증가해 최근엔 30%까지 나왔다. '종교 없음' 현상은 세계적 추세다. 캐나다 30%, 프랑스 33%, 네덜란드 40%, 노르웨이 45%, 체코는 61%가 신을 믿지 않는다.

영국 일간지 〈가디언〉도 2018년 영국 세인트메리대학교의 스티븐 불리번트(Stephen Bullivant) 교수의 자료를 인용해 "유럽의 젊은이 56%가 무종교인"(종교 없음)이라고 보도했다. 무종교인이 가장 많은 나라는 체코로, 응답자 중의 91%가 자신을 '무종교인'이라고 답했다. 에스토니아(80%), 스웨덴(75%), 네덜란드(72%)가 뒤를 이었고 성공회와 감리교의 본산인 영국도 70%가 무종교인이라고 응답했다. 프랑스와 독일은 각각 63%, 40%로 나타났다. 불리번트 교수는 "이번 조사는 기독교가 유럽에서 향후 100년 안에 사라질 수도 있다는 위기를 보여 준다"고 밝혔다.

한국에서 종교가 없는 사람은 56.1%(2015년 통계)로, 종교 있는 사람보다 많다. 종교 없는 사람들이 인구의 과반을 넘은 것은 1985년 첫 조사 이래 처음 있는 일이다. 한국행정연구원이 갤럽과 공동으로 2018년에 발표한 바에 의하면 한국인 5명 중 3명은 종교를 신뢰하지 않는다고 했다. 대한민국 사회에서 모든 종교가 신뢰를 잃고 있다. 종교가 제역할을 하지 못하면 당연히 무속종교들이 세력을 넓혀 간다. 대한경신연합회(무당 단체)와 한국역술인협회(역술인 단체)에 따르면 두 단체 각각 현재 가입 회원이 약 30만 명, 비회원까지 추산하면 50만 명에 이른다고 한다. 11년 전인 2006년 경신연합회에 가입한 무당은 약 14만 명, 역술인연합회에 가입한 역술인은 20만 명으로, 회원 수만 지난 10년 새 1.5~2배 늘었다. 협회들의 비회원 추산치까지 더하면 무당과 역술인은 100만 명가량으로 짐작된다(조선일보 2017년 11월 25일자). 종교가 제 역할을 하지 못하니 민속신앙이라는 이름으로 무당과 역술인들이 기성 종교에서 신앙적 갈증을 채우지 못한 이들의 틈새를 파고들고 있는 것이다.

어떤 종교가 살아남을까

미국 타임스스퀘어 교회의 카터콜론(Carter Conlon)은 《두려움에 속지 말라》에서 장차 '느낌이 좋은 종교'가 인류의 대표 종교가 될 것이라고 예고한다. 느낌이 좋은 종교는 어떤 종교일까? 이에 대해 영국 회중교회 목사이며 신학자인 포사이스(Peter Taylor Forsyth)는 "십자가의 메시지가 삭제되고 정답고 다정한 종교"라고 해석한다. 이런 종교들의 특징은 죄를 지적하지 않고 오히려 죄를 변명하고 변호한다. 하나님의 편보다는 사람의 편을 드는 일에 열심을 낸다. 신권보다 인권을, 신본주의보다 인본주의를 최상위로 올린다. 그래서 인기가 있다. 편하게 더 편하게, 힐링 또 힐링…. 헌신도 희생도 없다. 기독교의 세상 축복만을 희생 없이 얻으라고 던져 줄 뿐이다.

이건 소꿉놀이에 불과하다. 소꿉놀이하는 신자들에게서 성화를 발견하는 일은 쉬운 일이 아니다. 성화의 중간 단계조차 없기 때문이다. 그래서 한국 교회는 점점 세속주의로 치닫고 머리카락을 잘린 삼손처럼 능력을 잃어버려 세상의 비웃음거리로 전락하고 있다. 그래서 한국 교회는 대한민국주식회사의 최대 종교 주주가 되었으면서도 그 영향력은 갈수록 작아지고 있다.

그동안 한국 교회는 대단히 부흥해서 한국 최대 종교로 규모가 커졌다. 명색만의 크리스천 비중도 함께 커졌다. 한국 교회의 종교적 열심은 대단하다. 그러나 그 열심이 이웃에게 인정받지는 못한다. 믿음 생활은 잘하는데 생활 믿음은 없다. 기도는 잘하는데 기도 생활은 없다. 믿음에는 열심이지만 그 열심들이 성화로 이어지지 못하고 있는 것이다.

기형도 시인은 〈우리 동네 목사님〉이라는 시에서 "성경에 밑줄을 긋지 말고 생활에 밑줄을 그으라"고 요청한다. 하기야 성경에도 밑줄 그을 시간이 없는 교인들이 생활에 밑줄을 긋는 자기 성찰을 얼마나 할 수 있을까? 그렇다 보니 독사가 민물에 몇 번 들어갔다 나왔다고 매끈 매끈한 장어 행세를 하고 호박이 검은 줄 몇 개 그어 놓고 수박 행세를 하는 모양새다. 이런 신자들로 한국 교회가 최대 종교가 되면 뭐 그리 대단한 영향력이 있겠는가!

서구의 크리스천들은 신앙생활보다는 생활 신앙을 더 중요하게 생각한다. 그렇게 생활을 중시하는 외국 신자들의 눈에는 한국 교회 전체가 구원파처럼 보인다. 구원 이후의 생활에 관심이 없다는 것이다. 하나님이 공짜로 구원해 주셨다고 사는 것도 공짜로 살아 버리기 때문이다. 용서 보험을 들었기에 마음 놓고 사고 치자는 것은 하나님의 은혜를 죄의 기회로 삼는 믿음의 행패다.

믿음을 너무 강조한 한국 교회의 가르침이 마음껏 죄를 지어도 된다고 죄를 방조하는 꼴이 되었다. 쉽게 죄를 짓고 쉽게 죄를 용서해 버리는 일에 십자가의 능력을 동원하고 있다. 이건 십자가의 도를 원수로 삼는 일이요, 좁은 문으로 들어섰지만 넓은 길에서 살아가는 세속적 삶이다. 참으로 부끄러운 이야기다.

한홍 목사는《아멘 다음이 중요하다》에서 아멘이 끝이 아니라 시작이 되어야 한다고 말한다. 아멘이 입으로 시작해서 가슴으로 손과 발로 가야 한다는 것이다. 요즘 시대에 적절한 지적이다. 그동안 한국 교회가 부끄러운 모습을 너무 많이 보였다. 십수 년을 원수처럼 싸우는 교회도 있고 자살자 중에 유명 장로 집사들이 있고 크리스천 연예인 자살자들도 많다. 강동구의 어느 권사는 혼숫감 예단이 적다고 며느리에게 갑질하다 방송에까지 나와 한국 교회에 먹칠을 했다. 모두 교회에서는 은혜를 받고 아멘 아멘 하던 직분자들이다.

교회에서 아멘하고 은혜받고 나간 사람들이 교회 밖에서 대체 무슨 일이 있었기에 그렇게 되는 것일까? 어떤 세상이기에 우리의 아멘을 그렇게도 무력화하며, 얼마나 센 세상이기에 구령처럼 외쳤던 할렐루야를 이렇게도 무기력하게 만드는 것일까? 세상이 그렇게 센가? 도대체 얼마나 센 세상이기에 아멘을 삶으로 살아낼 수 없는 것일까? 한홍 목사는 이런 의구심을 한국 교회에 던지고 있다.

우리는 안다. 세상이 '세서'가 아니다. 우리가 이미 세상이 되어 버린 것이다. 내가 무엇에 대해 아멘했는지, 몇 번을 아멘했는지 내가 아멘하고 살아가야 할 말씀은 무엇이었는지, 처음부터 실행하려고 들은 말씀이 아니기에 아멘과 함께 곧바로 잊어버리는 것이다. 그러니 설교

이후 아멘을 선포한 사람이나 아멘을 모르는 사람이나 다를 게 없다. 그렇게 우리는 교회 생활을 해 왔고 직분이 점점 높아졌다.

대한예수교장로회(통합) 통계위원회가 발표한 2017년 말 기준의 교세 현황을 보면, 세례 교인과 함께 모든 직분자는 줄어든 반면, 목사 장로 권사의 수는 증가했다. 이런 통계를 접할 때 성화되지 않는 목사 장로 권사들을 남발함으로 섬기라고 주신 직분, 성화하라고 세운 직분이 계급으로, 닭벼슬로 둔갑하는 게 아닐까 염려된다. 하나님의 거룩한 교회의 직분들이 성화로 나아가는 사닥다리가 되어야 하는데, 도리어 종교 벼슬아치 놀이나 하는 사람들로 채워져 성화 공백이 더 넓어지는 게 아닌가 해서 안타까운 마음이다. 성화문맹들이 교회의 중심을 이룬다면 그것은 종교단체이지 복음주의 교회가 아니다.

하나님이 나를 보신다

내가 이 책에서 강조하고자 한 생활 성화가 한국 교회의 중심을 차지해야 한다. 전도하는 열심, 성경공부와 새벽기도를 하는 열심이 예수님처럼 살기 위한 성화의 몸부림으로 바뀌어야 한다. 교회가 그렇게 변할 때 교회를 떠난 사람들이 돌아올 것이고 세상이 교회를 인정하게 될 것이다. 교회를 떠난 이들도 세상도 교회를 비판하는 것이지 예수님을 비판하는 것이 아니기 때문이다. 십자가의 생명력은 여전히 유효하며 교회가 그것을 회복할 때 교회다운 교회가 될 수 있다.

우리의 성화는 주님을 향하는 것이고, 성화의 끝도 예수 그리스도의 장성한 분량까지다. 예수님처럼 되는 것, 이것이 성화의 끝이다. 하나님만 주목하고 우는 자와 울고 웃는 자와 함께 웃으며 촌철살인으로 사탄을 물리치시던 예수님처럼 되는 것이 우리가 도달해야 할 성화의 목표지점이다. 우리가 예수님에게까지 올라서면 하나님의 관점이 된다. 아래에서 올려다보는 것이 아니라 위에서 아래로 내려다보게 되는 것이다. 그러면 우리 삶을 둘러싼 문제는 문제도 아니었음을 알게 된다. 온유와 겸손을 겸비함으로 모든 사람을 포용하게 된다.

성화와 함께 달려온 열차도 이제 종점에 다다랐다. 그러나 성화의 종점은 없다. 성화는 내가 죽는 순간이 종점이다. 우리가 성화를 향해 평생에 걸쳐 나아가려면 종교개혁가들의 코람 데오 사상을 붙잡아야 한다. 코람 데오(Coram Deo)는 '하나님 앞에서', '신의 면전에서'라는 뜻이다. 이것은 하나님 목전에서, 하나님의 권위 아래 하나님의 영광을 위해 살아가는 사상이다. 마틴 루터의 사상 체계의 근거도 코람 데오였다. 츠빙글리(Zwingli)의 신학 사상에도 나타나고 장 칼뱅에게도 중요한 영향을 끼쳤다.

코람 데오, 하나님 앞에서의 삶은 죄의식, 칭의 의식, 성화의 삶, 사랑의 삶이 동반된다. 모두가 성화와 자리를 함께한다. 결국 성화는 내 생각과 생활의 모든 영역에서 동시에 진행되어야 한다. 그건 단순히 신학의 문제, 기도의 문제, 예배당 안에서의 문제가 아니다. 삶 전체가 성화의 자리다. 피자 파이 여덟 조각 중에 한 조각에 불과한 예배당 신앙으로는 성화가 될 수 없다. 주일 하루만의 신앙, 그것도 주일 오전의 시간만으로는 성화가 성장할 수 없다.

내가 살아가는 24시간의 생활 영역이 성화의 자리가 될 때 한국 교회는 믿음과 행위가 함께 가고 고백과 실천의 두 바퀴로 달리는 교회가 될 것이다. 그렇게 되어야 교회는 영성의 장소가 되며, 통계청 발표대로 대한민국 1등 종교로서의 위상에 부끄러움이 없게 될 것이다.

어설프게나마 성화된 목사로 살아가기를 소원하며 드리는 내 삶의 중심 기도는 세 가지다.

"하나님이시여! 나를 긍휼히 여기소서."

"하나님이시여! 나를 아끼소서."

"하나님이시여! 내가 한 일을 도말하지 마옵소서."

선지자 느헤미야의 기도가 나를 성화의 자리에 이끌어 주기를 오늘도 간절히 기도한다.

종교개혁의 본산인 독일 교회가 종교개혁 500주년과 통일을 기념하여 정했던 범국민적 표어로 이 글을 마친다.

"Du siehst mich"(하나님이 나를 보신다).